Learning About Dogs

Entrenamiento con refuerzo positivo

Kay Laurence

dogalia

Publicado por primera vez en en 2009 con el título original
"Teaching with Reinforcement. For every day in every way".

Learning About Dogs Limited

PO Box 13, Chipping Campeen, Glos, GL55 6WX. UK

dogalia

info@dogalia.com
www.dogalia.com

Editor: Carlos Dangoor Florit

Traducción: Luis Souto Soubrier

Maquetación: Ana Loureiro

ISBN: 978-84-940419-1-4

Depósito legal: PM 784-2012

Impreso en España

Índice

1. ¿Qué significa reforzar? 3

2. Tipos de reforzadores 9

Reforzadores primarios o incondicionales 10

▸ Clases de comida 13

▸ Utilización de conductas instintivas como reforzadores 19

Reforzadores secundarios o condicionados 40

Tipos de castigos 48

3. Las herramientas: cómo usar los reforzadores 51

Dónde entregar el reforzador 60

Dónde almacenar los reforzadores antes de la entrega 66

Buen *timing* o precisión temporal de la entrega 68

Velocidad y ritmo 71

Refuerzo de conductas específicas para inducir anticipación 74

Cómo medir el valor de un reforzador 78

Retirada de reforzadores 95

Cómo establecer un reforzador secundario 98

Reforzadores múltiples 99

4. Construcción y mantenimiento de las conductas . . . 101

Cómo enseñar al perro a dar un golpe con la pata a tu mano . . 106

Cómo enseñar a un cachorro a no perder el control mientras saluda 109

Cómo enseñar a un perro joven a mantener el autocontrol en la puerta de la calle 111

El paseo juntos 114

Aparcando al perro 119

Mantenimiento de conductas 121

5. Intervalos de refuerzo y comportamientos encadenados 125

Cadenas de conductas 129

Fusiones (comportamientos simultáneos) 134

6. Modificación de conductas 141

Apéndice: Quién es quién 155

1 ¿Qué significa reforzar?

Somos muchos quienes disfrutamos con la enseñanza basada en el refuerzo positivo. Es verdad que, en comparación con otros estilos de enseñanza alternativos, no ofrece atajos y nos obliga a ser más creativos. Sin embargo, entre los beneficios de su aplicación se cuentan la mayor felicidad del aprendiz, cuya motivación para aprender nuevas destrezas crece a cada paso, la seguridad de no causarle daño alguno y la mejora del vínculo que nos une con él.

En Wagmore Barn, nuestro centro de enseñanza, ofrecemos un amplio abanico de cursos que abarca desde aquéllos enfocados a usuarios que toman contacto por primera vez con el entrenamiento en positivo en las clases para cachorros y adolescentes, a actividades concebidas para satisfacer las necesidades de experimentados entrenadores de clícker que trabajan en áreas especializadas. Por otra parte, tengo la suerte de impartir cursos en numerosos sitios fuera del Reino Unido, lo que me permite ver la forma de entrenar con clícker de cientos de adiestradores extranjeros.

Con este bagaje a mis espaldas soy testigo del éxito de muchos entrenadores al abordar la enseñanza de complejas habilidades a perros de un talento variable. Más importante aún, veo a diario cómo este tipo de entrenamiento ayuda a los perros y sus guías a incrementar su felicidad y armonía de vida conjunta. No obstante, también he visto como algunos entrenadores sólo consiguen resultados por debajo de sus expectativas pese a seguir los protocolos de entrenamiento prescritos.

Así he visto por ejemplo cómo, a pesar de ofrecerle toda suerte de reforzadores a un perro cuando se sienta, éste sigue saltando sobre las personas en el momento de saludarlas. He observado también cómo a otros perros les resulta difícil emitir las nuevas conductas que aprenden, pese a haber llevado a cabo un trabajo consistente. Saben ir en "Junto" con un nivel de calidad sobresaliente, pero no alcanzan buenos niveles de fiabilidad aun habiendo recibido altas tasas de refuerzo por mantenerse en la posición requerida. ¿A qué se deben estos problemas?

En apariencia el trabajo se ha hecho bien. Sin embargo, cuando ahondamos un poco más observamos el influjo sobre la conducta de ciertos patrones de refuerzo característicamente equivocados. Podríamos decir que se trata de una especie de corrientes subterráneas que subyacen al plan de entrenamiento.

A lo largo de los años hemos analizado varias formas de comunicar con los perros y sus dueños, diferentes alternativas para instruir a ambos polos del tándem incluyendo un vasto repertorio de herramientas y técnicas que permiten enseñar conductas de alta calidad con relativa facilidad. Este periodo de adquisición de una conducta es muy recompensante para el entrenador, tanto que puede resultarle incluso adictivo debido al sentimiento de logro que experimenta durante el mismo. En el curso del entrenamiento con clícker, cuando se logran dispensar altas tasas de refuerzo, es fácil caer en la complacencia y pensar que ya se ha completado la tarea. Sin embargo, llegados precisamente en ese falso final, se hace necesario comenzar un análisis minucioso de los microelementos que pueden terminar por desfigurar la conducta respecto a cómo la hemos moldeado. Con frecuencia he de recordar a los entrenadores que experimentar cambios es la naturaleza intrínseca de la conducta. Nada es definitivo.

Ahora bien, ¿cuáles son las fuerzas que dirigen esos cambios? Estas fuerzas son los reforzadores. Por ejemplo, en el momento de escribir estas líneas tengo un cachorro de Collie con tendencia a pastorear a mis otros perros. Cada vez que pone en práctica esta conducta, la forma de la misma varía. ¿Qué pasaría si, en lugar de pastorear a sus congéneres, la tomara con coches, bicicletas o motos? Cada vez que entrara en contacto con el tráfico y se lo permitiera, la conducta se reforzaría ganando en volumen y fuerza. Esto haría que cada vez fuera más difícil reducir dicha tendencia y por supuesto eliminarla. En otras palabras, la historia de refuerzo de la conducta determina hasta qué punto y cómo podemos modificarla. Por tanto, si las experiencias continúan teniendo lugar, la estrategia para el eventual plan de modificación de conducta irá cambiando semana tras semana.

Premios y recompensas

Sin duda uno de nuestros mayores fallos como entrenadores radica en el hábito de la incoherencia: decimos A cuando nuestra intención es B. El siguiente ejemplo ilustrará esta observación. A veces damos comida al perro por la conducta que acaba de ofrecernos pero, al mismo tiempo, suspiramos porque los resultados nos defraudan. Esa frustración del entrenador desvirtúa el supuesto reforzador. Lo mismo ocurre cuando le decimos "buen perro" mientras desviamos la mirada, deseando en secreto que fuera un perro aún mejor. Estamos tan centrados en nuestra propia intención que dejamos de ver lo que está ocurriendo en realidad. Hemos de ser objetivos al analizar lo que está ocurriendo y menos perezosos. Es imperativo reflexionar y planificar los pasos necesarios para seguir progresando desde lo que tenemos hasta lo que queremos.

Volviendo al ejemplo del perro que salta sobre las personas para saludar, puede que nuestra intención fuera la de moldear una conducta alternativa consistente en sentarse. Sin embargo, si el perro continúa saltando una vez cubierto el programa de entrenamiento, resulta evidente que la conducta problemática aún ha seguido reforzándose. Poco importa lo que pensemos que hemos estado haciendo. No es más que una valoración sesgada y egoísta por nuestra parte que los hechos contradicen. En definitiva, nuestras intenciones no tienen valor alguno, dado que éstas no pueden actuar como reforzadores.

La palabra ***recompensa*** tiene connotaciones interesantes. En general significa aquello que se da como retribución o remuneración por un servicio prestado. Puede ser la suma de dinero que se ofrece, en particular como contraprestación por la captura de un criminal o por haber contribuido al hallazgo de un objeto extraviado propiedad de otra persona. Dicha compensación puede, sin embargo, resarcir obras no sólo buenas, sino también malas. En resumen, recompensar implica dar algo a alguien, en particular como muestra de gratitud por algún servicio prestado.

Por otra parte, de acuerdo al diccionario de la Real Academia Española de la Lengua, el verbo ***reforzar*** tiene como principales acepciones las siguientes:

1. engrosar o añadir nuevas fuerzas,
2. fortalecer o reparar lo que padece ruina o detrimento,
3. animar, alentar, dar espíritu, y
4. en fotografía, dar un baño especial a los clichés para aumentar el contraste de las imágenes[1].

Es importante enfatizar la diferencia esencial entre ambos términos. La recompensa es bilateral pues implica un intercambio entre ambas partes: la persona que la dispensa obtiene una ganancia del perro que la recibe. Por el contrario, el reforzador es unilateral dado que no implica la obtención de una contraprestación por parte de la persona. Utilizando el concepto de reforzador, por contraposición al de recompensa, evitaremos caer en la trampa de nuestras intenciones y la subjetividad. Hemos de aprender a ver las corrientes de reforzadores que actúan en todo momento sobre el aprendiz. Sólo así podremos llegar a ser eficaces y eficientes en nuestra manera de interactuar y de instruirle.

La ciencia

Refuerzo es el procedimiento consistente en proveer consecuencias para una cierta conducta que incrementan o mantienen la frecuencia o intensidad de la misma. Hablamos de refuerzo positivo cuando la consecuencia consiste en añadir un estímulo, mientras que el refuerzo negativo consiste en detraer un cierto estímulo respecto a la situación inicial.

Castigo es lo contrario, el procedimiento consistente en proveer consecuencias para una conducta que hacen decrecer la frecuencia o intensidad de la misma. Como en el caso del refuerzo, el castigo puede ser positivo si se añade un estímulo después de la conducta, o negativo si se detrae.

1 Las definiciones originales de la autora han sido sustituidas por las del Diccionario de la Real Academia Española de la Lengua. Nota del traductor.

La falta de rigor en el uso de la terminología científica conduce a malos entendidos. A veces esto ocurre porque nos resistimos a reconocer que estamos aplicando un cierto procedimiento. Por ejemplo, debido a las connotaciones peyorativas del término "castigo" hay una tendencia a negar su aplicación. Sin embargo, como hemos visto, un castigo no significa necesariamente dispensar un estímulo punitivo después de la conducta (castigo positivo), sino que puede meramente consistir en retirar un estímulo apetitivo (castigo negativo). Así, con independencia de cuál sea nuestra intención, retirar la atención que estamos dispensando al perro cuando éste ha llevado a cabo una conducta problemática, puede constituir un castigo negativo[2].

El entrenador que concede un papel central a sus intenciones encuentra un sinfín de problemas, especialmente cuando utiliza la terminología de forma inexacta. Pese a todo, solemos incurrir en ese error. Cabe preguntarse el porqué. La razón estriba en nuestras necesidades emocionales: nos encanta pensar que estamos recompensando a nuestro perro y evitando castigarle. Nos hace sentir bien. En realidad, lo que deberíamos hacer sería reforzar conductas. Es decir, operar en un nivel superior que nos permita liberarnos de nuestras emociones. Sólo así podemos incrementar nuestra efectividad como educadores y, al tiempo, facilitar el aprendizaje por parte del perro. Lo único que quiere el perro es entender el mensaje. Ya sabe que es importante para ti, pero lo que necesita a continuación es que le proporciones información clara.

La zona de peligro que lleva a resultados decepcionantes incluye tanto el refuerzo de conductas erróneas como el castigo no intencional. Para ser efectivo el castigo debería cumplir con unos requisitos muy estrictos. No debería minar al aprendiz ni socavar la relación entre perro y guía, sino que debería limitarse a debilitar la conducta en cuestión.

---

2 En otras ocasiones, como cuando ignoramos la conducta del perro por llamar nuestra atención, el procedimiento puede caracterizarse de forma más exacta como "extinción" ya que no hay cambio estimular entre las situaciones antes y después de la conducta. La diferencia es sutil pero importante. La extinción se define como el procedimiento consistente en evitar el acceso a los reforzadores presentes que mantienen la conducta, mientras que el castigo negativo implicaría la retirada de los mismos. Nota del traductor.

Las cualidades más importantes que debe desarrollar cualquier entrenador son:

1. la capacidad de observación, junto con las habilidades para medir los resultados libre de influencias emotivas, y

2. la destreza para entregar de forma precisa los reforzadores. Sólo mejorando nuestra competencia en estas tareas podemos lograr mejoras que nos acerquen a nuestros objetivos.

"El verdadero viaje de descubrimiento no consiste en buscar nuevos paisajes, sino en contemplar paisajes conocidos con nuevos ojos."

Marcel Proust

2 Tipos de reforzadores

Cuando hablamos de conducta, la máxima fundamental a recordar es que la única constante es el cambio. Cambiar forma parte de la naturaleza intrínseca del comportamiento. Quizás pienses que siempre te gustará comer chocolate, es decir que se trata de una conducta inmutable. Pensaba de la misma forma hasta que empecé a trabajar en una fábrica de chocolate. A las dos semanas el olor del chocolate caliente me causaba aversión. De esta forma algo que para mí había sido reforzante hasta entonces, pasó al lado oscuro al convertirse en un castigo. Sin llegar a estos extremos, puede ocurrir lo mismo cuando comes tanto chocolate que, incluso la idea de consumir una onza más, te provoca malestar. Este efecto puede ser temporal o permanente dependiendo de lo traumático que sea el castigo que se inflige al aprendiz.

Si la conducta está en un perpetuo estado de cambio, entonces también lo estarán los reforzadores y el valor relativo de los mismos. El valor de un reforzador se define por una única variable: sus efectos sobre la conducta. Si el perro está cansado, lanzarle la pelota una última vez no será reforzante. Cuando el perro ya ha comido hasta saciarse, puede que coja otro trozo de comida por hábito, pero tampoco funcionará como un reforzador. En ambas situaciones el descanso puede haberse erigido en el reforzador temporalmente más valioso.

Disponemos de una amplia variedad de reforzadores con los que mantener o fortalecer las conductas de nuestra elección. El secreto del éxito consiste en saber aplicarlos de forma apropiada y efectiva, es decir, en saber escoger el reforzador más oportuno y dispensarlo en la cantidad adecuada.

Por lo general distinguimos dos tipos de reforzadores. Llamamos reforzadores primarios o incondicionales a aquéllos que no precisan de un aprendizaje previo para cumplir con su función. Son ejemplos de reforzadores primarios la comida, la seguridad y las conductas instintivas. Por otra parte, llamamos reforzadores secundarios o condicionados a los que requieren la previa asociación con un reforzador primario. Son reforzadores secundarios el sonido del clícker, los elogios, o cobrar una pelota. Date cuenta que perseguir la pelota es una conducta instintiva y un reforzador primario, mientras que cobrarla, es decir, cuando el perro la lleva a una persona con la esperanza de que se la tire otra vez, es un reforzador secundario: precisa de una experiencia previa.

A continuación examinaremos en detalle cada una de las categorías de reforzadores disponibles. Ninguno de ellos es la panacea. Convendrá utilizar uno u otro dependiendo de la situación, de la conducta y del aprendiz con el que trabajemos. Por ejemplo, mis Gordon Setters tienen una alta motivación por la comida, salvo cuando hay pájaros que cazar, en cuyo caso la comida no les interesa lo más mínimo. Lo mismo ocurre cuando un Border Collie tiene la oportunidad de pastorear otros animales.

Reforzadores primarios o incondicionales

COMIDA

Es considerada como un reforzador primario porque no precisa de ningún aprendizaje previo para cumplir su función. En circunstancias normales se estima que es el reforzador más sencillo de utilizar. Sin embargo, el mal uso da pie a muchos problemas.

Me gusta alimentar a mis perros con una dieta cruda por lo que descubrí muy pronto que, a menos que traicionara mis convicciones, premiar con comida resulta muy difícil. La carne cruda se pega a los dedos como cola y si se arroja el premio al suelo, atraerá pelusas y polvo. Además, no se puede almacenar en un bolsillo, no es fácil de entregar con presteza y resulta difícil de dividir en pequeñas porciones. Estos obstáculos pueden ser eludidos, pero muestran a las claras que, en la práctica, la dieta principal de mis perros no funciona bien como reforzador para las sesiones de entrenamiento.

La carne cruda ocupa un puesto de privilegio en la lista de reforzadores primarios. Muestra de ello es que los cachorros de apenas tres semanas de vida reconocen su aroma cuando está templada, y la comen sin vacilación. No es una respuesta aprendida, sino instintiva: el olor informa al cachorro de que este alimento cubre una necesidad básica. Por el contrario, cuando salieron al mercado los piensos secos, los criadores necesitaron grandes dosis de paciencia para enseñar a los cachorros a comerlo humedecido.

La diferencia es neta; estamos ante un reforzador primario cuando replicamos la experiencia natural consistente en comer carne cruda regurgitada. Por este motivo, alimento a mis cachorros durante los primeros siete o diez días con carne cruda, húmeda y tibia, que les doy con la mano. Humedeciéndola, consigo que se pegue menos a los dedos y, al remojarla durante diez minutos en agua templada, evito que esté fría del frigorífico. De esta forma, sin necesidad de masticarla y escupirla, replico la experiencia natural al tiempo que garantizo que los cachorros asocian el olor de mis manos con el de la comida. Chupar mis dedos es reforzante para mis perros. Sin lugar a dudas mi olor se convierte también en un reforzador secundario.

Todo lo relativo a la comida y el modo de ingerirla puede estar influenciado por muchas vicisitudes del historial de aprendizaje de cada perro. De vez en cuando veo un cachorro o un adulto para los cuales la comida no es un reforzador con alto valor. A veces esta falta de motivación tiene su origen en una enfermedad, pero lo más frecuente es que no haya establecido bien la asociación entre la ingesta de comida y la desaparición de la sensación de hambre. Esto ocurre cuando, en un exceso de celo profesional, se sobrealimenta a los cachorros, como cuando se les ofrece comida cada vez que lo piden. Por supuesto, otro error sería tratar de compensar la baja calidad de la comida ofreciendo una mayor cantidad de la misma.

Es normal que los cachorros sean competitivos a la hora de comer. Este proceso comienza minutos después de su nacimiento, ya que han de competir entre ellos para encontrar una glándula mamaria de la que poder lactar. Los hermanos forcejean empujándose unos contra otros, todo lo cual promueve la competencia por encontrar una mama de la que poder succionar el alimento que les mantenga vivos. Esto explica por qué los perros de camadas con uno o pocos cachorros no desarrollan el mismo deseo competitivo de comer.

Debido a consideraciones nutricionales, el criador querrá asegurarse de que ningún cachorro pierda esta competición y que todos ingieran lo suficiente. Así, una vez destetados, la práctica de alimentarlos a todos del mismo recipiente ha declinado a favor de excelentes sistemas basados en proporcionar un cuenco a cada perro. Ahora bien, analizando el asunto con perspectiva, la práctica de alimentarlos en cuencos es una invención nuestra que se aparta de la naturaleza. Los cachorros normalmente compartirían la carcasa de un animal, o seccionarían un trozo de la misma para retirarse y comerlo a solas. Por ello, cabe conjeturar que lo ideal sería un sistema de alimentación basado en parte en la competencia entre los comensales y en parte en la cooperación. La supresión total de estas experiencias puede tener como resultado que el perro sea caprichoso a la hora de comer.

Por lo general los comedores caprichosos lo son por aprendizaje. Con frecuencia malas conductas que pueden durar toda la vida se aprenden con una sola experiencia; fenómeno que conocemos como aprendizaje súbito. Por ejemplo, ofrecemos al cachorro la cena de siempre y, cuando se niega a comer, le damos algo más sabroso. De esta forma el cachorro habrá establecido una asociación entre su rechazo por la comida y el ganar mayor atención a través de la obtención de una dieta más apetecible. No te agobies si tu cachorro rechaza una toma de comida: puede que le duelan las encías o haya tratado de comerse algún exquisito bocado de difícil digestión como el suplemento dominical del periódico. Un solo rechazo no es una causa de alarma. Sin embargo, si declina la comida en varias ocasiones consecutivas, habrá que ir al veterinario sin demora.

Otro factor que puede alterar las pautas de alimentación es el estrés cuyo objetivo es, ante una situación comprometida, concentrar los recursos disponibles en el organismo sobre conductas situadas a lo largo del eje huida – lucha. Un estómago lleno no se presta bien a ninguna de las dos respuestas, de modo que es comprensible que la naturaleza comprometa los procesos digestivos al redirigir los recursos a otras funciones más urgentes. Todos hemos experimentado sequedad bucal cuando estamos nerviosos y hemos comprobado lo difícil que resulta consumir una comida completa en un estado de activación elevado. En definitiva, comer no es lo más adecuado ante estas situaciones y por eso el apetito se inhibe. Para comer y deleitarse comiendo es necesario estar relajado y sentirse seguro. Sólo así los procesos digestivos se desarrollan con eficiencia.

Hacemos uso de la inhibición del apetito para medir el estado de los perros adultos o cachorros que acuden a clase. Los cachorros, e incluso los perros adultos, pueden sentirse abrumados por el ambiente y rechazar la comida. Dado que estos niveles de estrés comprometen el aprendizaje, tenemos la regla de no comenzar el entrenamiento de un perro, ni considerarle matriculado, hasta que acepta comida. Mientras tanto se quedan en contacto con el propietario, incluso sobre su regazo. Periódicamente comprobamos si quieren comer. Cuando ya lo hacen, significa que el perro se encuentra más relajado y que, tras haber evaluado las amenazas, ha adquirido un sentimiento de seguridad gracias al contacto con su cuidador.

A nadie se le escapa que si nos saltáramos esta fase de evaluación y forzáramos al perro a entrenar, moverse por la clase y establecer relaciones sociales, los altos niveles de ansiedad convertirían la experiencia en aversiva. Actuando de esa manera, futuras experiencias de la misma índole resultarían más desagradables y difíciles para el perro.

En resumen, si optas por entrenar con comida recuerda que, aunque se trata de un reforzador primario, el perro puede declinar la comida y que es muy importante advertir estos rechazos. Puede que el perro esté estresado, aunque otra explicación alternativa es que haya establecido una conexión entre la conducta en cuestión y la adquisición de un reforzador de calidad superior al que le estás ofreciendo.

‣ CLASES DE COMIDA

Lo habitual es usar pequeños trozos de comida a modo de premios para reforzar las conductas que buscamos, en particular cuando estamos moldeando conductas con las que el aprendiz aún no cuenta en su repertorio. Para que la estrategia dé frutos es importante tener bien presentes las siguientes consideraciones:

ELIGE COMIDA SABROSA Y FÁCIL DE DIGERIR

La comida húmeda suele ser más apetecible que la seca. La ventaja del pienso y otros premios secos es que cabe almacenarlos con mayor facilidad y llevarlos siempre en el bolsillo para reforzar al azar. Sin embargo, ¿qué pasa si utilizas comida seca como reforzador y aplicas una alta tasa de refuerzo a lo largo de una sesión de diez minutos? Seguramente el perro acabe con mucha sed y necesite beber una gran cantidad de agua en el curso de la siguiente hora. ¿Te imaginas comerte una caja entera de galletas sin ni siquiera beber una taza de té? En el fondo, la razón de ser de la comida seca no tiene que ver con su conveniencia para la ingesta, sino con consideraciones económicas; en concreto, mejor conservación y menor peso para el transporte.

Dado que los alimentos crudos plantean otra serie de problemas prácticos, lo más aconsejable es utilizar las lonchas de carne que se venden ya listas para hacer sándwiches, cocinar carne y trocearla, o cortar en cubos un pastel hecho a base de carne, hígado, huevos y harina. Cualquiera de estos premios es de fácil almacenamiento y cómodo a la hora de manejarlo. La única precaución que es importante adoptar es lavarse bien las manos antes de comer. De lo contrario, al margen de otros problemas, te puede pasar como a mí que me tomé una vez un donut con sabor a hígado. Desde luego no fue el más reforzante de los refrigerios.

El olor de la comida pasará a cobrar significado para el perro contribuyendo a su motivación. Lo mismo ocurrirá con tus ropas aromatizadas con los mismos odorantes. En definitiva, con cada sesión de entrenamiento en la que el perro experimente estos placeres, conseguirás que empiece a salivar anticipándose al entrenamiento. Esto constituye un preludio ideal para una sesión realmente interactiva. Además, también tus manos concentrarán su atención debido al olor a comida. Lo último puede ser una ventaja, aunque también puede constituir una desventaja en ocasiones. Si algo está claro es que utilizamos las manos en exceso a la hora de comunicar, por lo que tiendo a pensar que el sesgo atencional causado por el olor a comida puede ser de ayuda para el perro.

De forma análoga, la bolsa de los premios también atraerá su atención. Para evitar caer en rutinas predecibles por el perro, premeditadamente varía tu forma de actuar. Por ejemplo, si descubre que sólo le refuerzas cuando llevas una determinada ropa o la bolsa de los premios, aprenderá que puede ignorarte en otras situaciones. Como ya he dicho, los perros pueden aprender con una sola repetición, especialmente cuando el comportamiento conduce a un resultado altamente reforzante. Ten también en cuenta que la comida es sólo uno de varios reforzadores. Por tanto, necesitamos completar el catálogo de reforzadores y disponer de esas opciones en todo momento.

TAMAÑO

El tamaño de los premios es importante, sobre todo a la hora de aplicar una tasa de refuerzo alta. Tenemos que ser capaces de reforzar una media de veinte veces por minuto a lo largo de diez minutos de entrenamiento, y esto significa que el perro habrá ingerido alrededor de doscientos trozos de comida al final de la sesión.

Una tasa de refuerzo alta es incomparablemente más reforzante que dispensar la misma cantidad de reforzadores de una vez al final de la sesión. Es la forma de que un perro establezca una fuerte asociación entre la conducta y los reforzadores. Al mismo tiempo, con cada uno de los éxitos que va consiguiendo, se satisface y amplifica la motivación de logro del aprendiz, la cual es un reforzador primario.

Con frecuencia los premios comerciales están pensados para que el perro tarde un buen rato en consumirlos. Después de que se lo des, irá a un lugar cómodo y disfrutará mordisqueándolo. Esto los convierte en premios inapropiados para entrenar, salvo cuando nos beneficiemos de esta demora. Por ejemplo, un premio cuyo consumo requiera un tiempo prolongado será adecuado para entrenar al perro a permanecer tranquilo en el trasportín.

Los perros de talla pequeña y los cachorros se sacian rápidamente. Por ello, para entrenarles, debemos utilizar premios tan pequeños como un grano de arroz. Otra técnica útil de dosificación de la que puedes servirte es ofrecer premios que tenga que lamer, como paté de tu dedo o queso líquido de un tubo. Con independencia del tamaño del perro, siempre comienzo las sesiones de entrenamiento midiendo la ración de premios adecuada. Como referencia utilizo el tamaño del cráneo ya que existe una equivalencia bastante aproximada entre el volumen de éste y el del estómago. Cuando he agotado la reserva hago un descanso de al menos media hora antes de recomenzar el entrenamiento, para dar tiempo a que se vacíe el estómago. Aunque muchos perros muestran buen apetito, prefiero que trabajen con el estómago vacío. Otra precaución importante es sustraer la comida que recibe en el curso del entrenamiento de la ración normal. Lo contrario resultaría en una ingesta excesiva, a menos que se trate de conductas que requieran un enorme gasto calórico.

Basándome en mi experiencia recomiendo las lonchas de carne para hacer sándwiches. La de pollo es tal vez la más agradable de manejar. No se queda pegada y se manipula con la facilidad de una moneda. Otras buenas opciones son las salchichas, el jamón de York, filetes y tacos de hígado cocinados. En el caso de las salchichas puedes prepararlas en casa o utilizar las de Frankfurt. A menudo los alimentos tratados industrialmente contienen un exceso de sal para mejorar su sabor y postergar su caducidad, lo cual provoca mucha sed a los perros. Suelo utilizar pollo y como reserva salchichas o queso. Los quesos curados pueden partirse en dados de medio centímetro. El hígado u otras vísceras, como el corazón, previamente cocinados pueden ser el plato especial. Puedes reservar ese premio tan deseado para las ocasiones en las que las distracciones arrecien. Como regla general, cuanta más grasa, más apetitosa le resultará la comida al perro. Recuerdo un año en que un cordero engordó fuera de las fechas esperadas y reciclamos sus despojos como premios para entrenar a los perros. Aún me acuerdo del foco de los perros; son los reforzadores de más calidad con los que he trabajado en mi vida. Sin embargo, recuerda que el mejor reforzador es aquél cuya calidad está en consonancia con la dificultad de la conducta. Retomaré este punto en el Capítulo 4, donde también te daré más detalles para dispensar los reforzadores en la cantidad adecuada para fortalecer o mantener la conducta que estés trabajando.

ADMINISTRACIÓN DE LA COMIDA

Guarda la comida en diferentes lugares y, en particular, en los sitios donde preveas que necesitarás un suministro rápido. A mis perros les gusta correr por el jardín a última hora de la noche en busca de zorros y otros animales que acechan. Las refriegas nocturnas pueden irse un poco de las manos y retrasar la hora de irse a la cama. De modo que, cuando acuden a mi llamada, les doy uno de los premios comerciales grandes que tanto les gustan y que reservo para esta ocasión en particular. Gracias a esta estrategia ninguno se queda merodeando por el jardín.

Mantén una reserva lista en el frigorífico, y coloca por el resto de la casa otros premios que no planteen problemas de conservación. Es esencial comprender que el aprendizaje no se restringe al marco de las sesiones de entrenamiento, por lo que querrás premiar al perro muchas veces a lo largo del día, en particular si se trata de un cachorro al que tratas de enseñar los pilares del buen comportamiento cotidiano. Cualquier perro y en especial los jóvenes aprenden mejor si se les recompensa por las buenas conductas de una forma inmediata.

Asaltar los bolsillos que contienen premios puede convertirse en un problema, especialmente si lo has reforzado. Te podría preguntar por qué querrías reforzar esta mala conducta, pero tal vez se trate de una conducta que se aprende con una sola repetición. Por ello, basta despistarse un poco para que el perro aproveche la oportunidad.

Me confieso culpable de buscar ropa con bolsillos aptos para guardar premios. De hecho, tengo varias sudaderas con los bolsillos hechos harapos por haber dejado la prenda al alcance del perro cuando aún contenía premios. Por eso, antes de quitarte la ropa, te recomiendo que compruebes que los bolsillos están vacíos, sobre todo cuando la eches a la lavadora ya que la ropa recién lavada aromatizada con jamón no es aún muy popular entre las personas.

REFORZADORES PARA HUMANOS

Es un punto delicado donde no caben las generalizaciones. Para algunas personas la preparación y entrega de la comida son actos muy reforzantes en sí mismos ya que, a través de ellos, muestran el cuidado y el amor hacia su perro. A las clases en nuestro centro acuden auténticos chefs de comida para perros que, en la búsqueda del legendario premio perfecto, intercambian secretos culinarios y recetas sobre el mejor modo de cocinar el hígado. En el otro extremo, sin embargo, hay otras personas que como mucho se molestan en comprar una lata de salchichas en el último momento y, por supuesto, cuando la sacan, se dan cuenta que olvidaron traer un abrelatas.

Otro tema peliagudo es la confusión en la que incurren algunos entrenadores cuando, con el pretexto de reforzar al perro, caen en una excesiva indulgencia. No estoy diciendo que haya que ser científico hasta el extremo y nunca premiar al perro si no cumple con el criterio fijado. Sin embargo, cuando premiamos por emitir una conducta con un nivel de calidad determinado y, acto seguido, premiamos por emitir la misma conducta con un nivel de calidad menor, estamos dando una información ambigua al aprendiz. Nuestra incongruencia como entrenadores fomenta amplios márgenes de heterogeneidad conductual que comprometerán la calidad final del trabajo.

Por ejemplo, supón que estás paseando y llamas a tu perro. Viene con la velocidad de un rayo y le premias. En otra ocasión sucesiva el perro escucha la llamada, pero se queda olisqueando, aprovecha para marcar y finalmente acude con desgana. Pese a las dudas que ha mostrado, decides premiarle. Reforzando ambas conductas obtendrás heterogeneidad en la forma de la conducta y, por tanto, falta de fiabilidad. Muchos alumnos me dicen: "sí, pero es que a fin de cuentas ha terminado viniendo cuando le he llamado". Es cierto, pero ¿crees que esa segunda respuesta merece el mismo premio? ¿Acaso no debemos establecer una diferencia respecto a la primera conducta? Mi consejo es que le premies también por venir en esa segunda ocasión, pero teniendo la autodisciplina de degradar el grado de refuerzo para que sea proporcional al esfuerzo puesto por el perro en la ejecución de la conducta.

SOBRE LA IDONEDIDAD DE LA COMIDA COMO REFORZADOR

La comida es un reforzador idóneo para el entrenamiento de un amplio abanico de comportamientos. Ahora bien, una excepción importante son las conductas que implican un nivel elevado de actividad. Cuando el perro jadea mucho, no podrá deglutir los premios con facilidad. Otra precaución importante es la referente a la conducta de "Junto". En este caso, si premias al perro cuando lleva la cabeza hacia arriba, podría atragantarse con la comida. Por lo tanto vigila que la cabeza esté relajada y abajo antes de dispensar la comida.

Por otra parte, la comida tampoco será el reforzador de elección para aquellos perros a quienes la anticipación de un premio les excite tanto que les incapacite para concentrarse en la conducta. En principio nos gusta que el perro esté muy motivado por los reforzadores, dado que resulta ventajoso para trabajar el control de impulso. Sin embargo, con perros que se muestran demasiado nerviosos en presencia de la comida, el propio nivel de activación interferirá el aprendizaje.

¿CUÁNDO DEJA UN REFORZADOR DE SERLO?

La comida tiene un problema importante; su propia inercia. En ocasiones el perro empieza a sentirse incómodo, pero no deja de aceptar comida inmediatamente. Sucede en especial cuando entrenamos con clícker ya que el hábito de comer después de haber escuchado el puente[3] es tan fuerte que el perro no puede resistirse. También el modo de entregar el premio puede potenciar este efecto. Cuando entregamos en boca es difícil que el perro se resista. En cambio, tirando la comida al suelo lejos del perro, podemos evaluar la motivación del perro para seguir entrenando. Algunos perros siempre encuentran sitio para comer un premio más. Sin embargo, que quieran no significa que les convenga.

Como ya he comentado antes, el estrés produce sequedad bucal, inhibe el apetito y compromete la correcta digestión. El perro sentirá los premios consumidos en una situación de estrés como una pesada carga en el estómago, por lo que no se pueden considerar como reforzadores. En resumen, si el perro se muestra reacio a comer, no trates de animarle o de persuadirle. Interpreta esa reticencia como una señal de comunicación y concluye que en estos momentos la comida que tienes en la mano no constituye un reforzador.

UTILIZACIÓN DE CONDUCTAS INSTINTIVAS COMO REFORZADORES

Las conductas instintivas son autorreforzantes; no me cabe ninguna duda. Baso esta afirmación en mi experiencia como adiestradora con una gran variedad de perros y en la convivencia con dos razas caracterizadas por exhibir unos instintos muy acentuados. De hecho, las conductas instintivas no sólo son reforzantes, sino que cuando más se recrean, más reforzantes llegan a ser[4].

3 Con frecuencia se utiliza la denominación de "puente" para aludir al reforzador secundario. También podría haber un puente hacia un estímulo punitivo.

4 Se suele aludir a estas conductas con el término de "patrón de acción fijo" porque son relativamente innatas, no suelen variar y están activadas por estímulos ambientales específicos. Sin embargo, resulta preferible el término "patrón de acción modal" para evitar la connotación de inmutabilidad. Vid. Alcock, J. (1998) Animal Behavior: An Evolutionary Approach (6th edition), Chapter 5. Sinauer Associates, Inc. Sunderland, Massachusetts. Nota del traductor.

Podemos tomar como ejemplo la conducta higiénica. Los cachorros nacen con el instinto de salir del cubil para orinar. De modo que, dependiendo de su capacidad para caminar y para encontrar la salida, empiezan a orinar fuera del cubil cuando tienen entre diez y catorce días. Con los ojos cerrados apenas saben dónde se dirigen, pero se esfuerzan por alejarse de la zona de descanso. Con cuatro semanas de vida, tras haber practicado durante dos, la conducta se habrá consolidado. Los cachorros se despiertan y salen del cubil para orinar perfectamente sincronizados. También se esfuerzan para defecar lo más lejos posible del lecho.

En resumen, de forma natural, a través de la práctica, se consolida la conducta higiénica partiendo de un impulso basado en el instinto. Si, por el contrario, obstruimos el desarrollo temprano de la conducta, el instinto se inhibe. Esto ocurre cuando ofrecemos a los cachorros el mismo substrato como lecho y como zona de juego. En tal caso, para recuperar la conducta higiénica, será necesario reemplazar la conducta actual por la que se hubiera desarrollado de forma natural. El modo de hacerlo será premiar al perro por evacuar en la zona apropiada. Lo más sencillo es prestar atención a partir de las dos semanas de vida para aprovecharse de la pulsión natural que todos los perros comparten. De este modo llegarán a identificar nuestra casa, incluso también el jardín, como su cubil y esperarán a estar en el sitio apropiado antes de evacuar.

Si se les da la oportunidad de emerger, la lista de conductas susceptibles de convertirse en hábitos es larga.

EL DESEO DE APRENDER

El deseo de aprender emerge en los cachorros en torno a la tercera semana de vida, momento en el que empiezan a explorar, probar el sabor de las cosas, olisquear y tocar el mayor número de objetos posible. Los cachorros prestan atención al ambiente que les rodea al tiempo que disfrutan de actividades en compañía de sus hermanos. De hecho, muerden a éstos en toda su anatomía estudiando las distintas reacciones. Aprenden a su vez a evitar mordiscos dolorosos y, en torno a la cuarta semana, han desarrollado un protocolo de juego como parte de la interacción social.

La exploración bucal es de gran importancia y la llevan a cabo sobre el lecho, la madre y los juguetes. De esta forma descubren diferentes texturas y sabores, y aprenden así a distinguir entre lo que es comestible y lo que no. Comienzan a cobrar objetos o a arrastrarlos. Se ajusta la visión binocular. Entre otras habilidades aprenden a trepar y equilibrarse, coordinar todos los miembros incluyendo la cola, mover objetos con las patas, caminar hacia atrás, vocalizar y reconocer sonidos. Aprenden a reconocer las rutinas que anteceden a la interacción con los cuidadores, ya sean las personas o la madre. Conocen el olor de ésta y, con tres semanas, son capaces de distinguir otros perros por el olor. Como parte de este programa diseñado por la naturaleza, a medida que van madurando físicamente aprenden las habilidades propias de un perro hasta convertirse en los adultos que nacieron para ser.

Los cachorros difícilmente sobrevivirían si su educación y desarrollo quedase únicamente a merced de los eventuales refuerzos externos. Las madres perras no están junto a los cachorros aplaudiendo cada uno de sus progresos. De modo que todo perro nace con un deseo intrínseco de aprender, deseo que le lleva a explorar. A veces la exploración conduce a una experiencia desagradable que el cachorro debe recordar. Otras veces, en cambio, la exploración corona con la consecución de un reforzador.

INSTINTOS MÁS ESPECÍFICOS

Entre la sexta y la octava semanas de vida emergen los instintos propios de cada raza: los Gordon se congelan señalando a las gallinas, los Border Collies comienzan a acosarse unos a otros. Con el entorno adecuado las conductas se van fortaleciendo a medida que el perro las practica una y otra vez. Por ejemplo, en algunas granjas los Collies tienen la oportunidad de afinar sus habilidades de pastoreo con gallinas o patos que están libres. Adquieren así soltura para mover después ganado.

> Mucha gente me pregunta acerca de la posibilidad de enseñar a los Border Collies a pastorear utilizando el clícker. Por supuesto que es posible. El observador menos avezado puede pasar por alto que se trata de conductas autorreforzantes. A pesar de ello, es muy conve-

niente llevar a cabo un entrenamiento formal ya que, de lo contrario, debido al impulso del perro por adquirir el control, lo que hará será empujar al ganado a un rincón donde lo mantendrá bloqueado todo el día. El programa estructurado de enseñanza consta de cinco conductas puestas bajo control de estímulos: (1) ir hacia la izquierda, (2) ir hacia la derecha, (3) parar manteniendo la presión, (4) caminar directamente hacia la oveja. "Suficiente" es la quinta señal y sirve para indicar al perro que deje de poner presión. Ésta última se aprende de forma natural ya que la interacción deja de ser reforzante en el momento que el otro animal se aleja.

Al mismo tiempo que afloran los instintos se debe controlar el ambiente para permitir el desarrollo de la conducta de trabajar en equipo. Esta sociedad puede ser con uno o varios perros, o con una persona. Sin ella el perro se convertiría en un vándalo que perseguiría al ganado sin otro objetivo que autocomplacerse. En cambio, una vez que el perro ha aprendido a trabajar en equipo, el mero abandono por parte de su compañero hará que la actividad pierda gran parte de su atractivo. Cuando el perro se muestra reticente para retirarse, suelo ofrecerle la oportunidad de trabajar con otra oveja o proponerle una actividad alternativa como conducir a las gallinas al corral.

Los perros jóvenes suelen preferir una conducta determinada sobre las otras. Una vez puestas bajo señal se pueden equilibrar los pesos relativos solicitando más las que necesitamos apuntalar. En general, las conductas instintivas se irán fortaleciendo con la práctica hasta que podamos considerar que el perro tiene fijación por el ganado.

En el caso de los Collies esto ocurre a una velocidad impresionante. Aprenden a identificar a los miembros de su rebaño diferenciándolos entre sí y frente a elementos ajenos. Esta habilidad puede ser de gran ayuda cuando el vallado es deficiente y alguna oveja viene o se va al otro lado en busca de un pasto más atractivo. Aprenden cómo se mueve un rebaño identificando los cambios de equilibrio y anticipándose a los intentos de escapar. Aprenden también a reconocer los estímulos a los que miran las ovejas y a comprender su torpeza para pastar mientras caminan. Aprenden a fijar la vista en las ovejas sin olvidarse de tu presencia. Aprenden, por último, la orografía del terreno, las puertas y los eventuales agujeros en el vallado.

A menudo, cuando el instinto no se desarrolla por la ruta habitual encuentra una expresión alternativa. Me devolvieron una hembra de Gordon cuando tenía cuatro años de edad que, si bien no tenía querencia por los pájaros, había aprendido a señalar la presencia de una pelota de tenis a dos metros de distancia manteniendo esta posición de acecho durante más de una hora. Si hubiera tenido la oportunidad de practicar con pájaros, las pelotas no revestirían ningún interés para ella. Sin embargo, funcionaron como un sustituto que facilitó que la conducta instintiva aflorara y se hiciera más fuerte. A día de hoy muestra interés por las gallinas, pero basta botar una vez la pelota para que su atención se vuelque hacia la conducta cuyo historial de refuerzo es más largo. Dicho historial es una variable fundamental que podemos manejar en nuestro provecho.

Hay una lista de instintos comunes a todos los perros. Debido al historial de aprendizaje, algunos de entre ellos se desarrollarán, mientras que otros se inhibirán. La guarda, por ejemplo, es bastante común y hace que los perros se alerten ante ruidos o amenazas. Otras conductas instintivas son las de cazar pequeños animales, como ratas o ardillas, rastrear bichos, hacerse un lecho, o correr sin otro propósito que el propio placer de hacerlo.

No debemos olvidar que los humanos hemos cruzado perros con una serie de tendencias con otros con el fin de potenciar la genética de ciertos instintos. El Border Collie, por ejemplo, es una de las razas favoritas para el trabajo de búsqueda y rescate en montaña en el Reino Unido. El motivo es que se desenvuelven muy bien en la montaña. Sin embargo, en dicho terreno hay muchas ovejas por lo que hace falta un arduo entrenamiento para asegurarse que éstas no interfieran en el trabajo encomendado a los perros.

Con este propósito, cuando los Collies aún son jóvenes, se potencia mucho el juego entre ellos y sus guías humanos con un juguete (un mordedor, una pelota o un frisbee). Se trabaja de forma intensiva dicha actividad hasta asegurarse que la señal que lo anticipa prevalece sobre cualquier otra actividad que pueda eclipsarla (p.ej., comer o relacionarse con otro perro). Una vez alcanzado este nivel de refuerzo se asocia la actividad con un terreno de donde acabamos de sacar un rebaño de ovejas. Para ello el entrenador activa al joven Border Collie emparejando el juego elegido con el olor del rebaño presente en el ambiente. En un segundo escalón del plan de entrenamiento se introduce el rebaño como distractor en un terreno colindante. Finalmente se propone el juego en medio de las ovejas. De esta forma se aprende a ignorar a las ovejas; al perro sólo le interesa acceder al juguete. Dicha conducta instintiva constituye el premio por encontrar a la persona. Para poder ofrecerla de forma inmediata, los figurantes que participan como objetivos a localizar para el perro se esconden llevando en un bolsillo el juguete que motiva al perro.

Por otra parte, con el fin de que el perro facilite la localización de la persona se captura o moldea una conducta de marcaje, generalmente el ladrido. Esta cadena de conductas es reforzada por el alto nivel de activación que se produce de forma natural al acudir en socorro de la víctima.

Volviendo al punto precedente sobre el historial de refuerzos, lo que se logra con el entrenamiento descrito es que las ovejas formen parte del conglomerado de estímulos que señalan al perro la oportunidad de buscar a una persona con el fin de acceder al juguete, y así, poder saciar la necesidad de llevar a cabo su conducta instintiva favorita. En otras palabras, hacemos de la necesidad instintiva del perro una virtud para el trabajo que pretendemos enseñarle.

En el fondo, tanto la conducta de un Setter consistente en señalar la presencia de una pieza manteniéndose inmóvil y apuntando con una extremidad, como el acecho del Border Collie están basados en el mismo instinto: la caza. La fuerza de ese impulso es de tal magnitud para ambas razas que, en caso de no satisfacerse, los individuos buscarán conductas de sustitución que les permitan alcanzar cada vez mayores cotas de autorrealización en el desarrollo de sus instintos. Kent (uno de mis Gordon Setters) está obsesionado con las gallinas, aunque nunca llega al estadio de congelarse señalando su presencia porque las gallinas nunca se quedan quietas. Speck (uno de mis Border) intenta pastorear pájaros y murciélagos, mientras que sus descendientes le utilizan a su vez como oveja.

Otra conducta instintiva que comparten todos los perros con quienes compartimos nuestras vidas es la necesidad de interaccionar. Si no existiera, los perros se comportarían como gatos o como cualquier otro predador solitario. En cambio, los perros han sido seleccionados en función de su sociabilidad con las personas, por lo que esta necesidad alcanza cotas extremadamente altas para algunos perros.

¿PUEDEN LAS CONDUCTAS INSTINTIVAS DEJAR DE SER REFORZANTES?

La respuesta es afirmativa. Este riesgo se concreta cuando el perro se cansa física o mentalmente. En el caso de los cachorros, los movimientos lentos o el caer redondos de sueño en el *target mat* o marca denotan cansancio de forma inequívoca. Sin embargo, los aprendices entusiastas pueden disimular el cansancio con extrema facilidad, por lo que es necesario aguzar la observación.

Ten en cuenta que al recurrir a conductas instintivas, sobre todo durante la fase de aprendizaje, el perro se cansa con facilidad. El motivo es que dichas actividades inducen al perro a invertir todos sus recursos. El mejor ejemplo son las conductas de caza. Mostrar siquiera un poco de cansancio durante la cacería disminuye drásticamente las posibilidades de cenar y, por otra parte, siempre se puede descansar después.

En resumen, si no prestamos particular atención, el perro puede llegar a agotarse. Si esto se produce en todas las sesiones de entrenamiento, se puede llegar a causar un daño físico y mental al perro. Además, el perro asociaría la conducta objeto del entrenamiento con estímulos desagradables. La conclusión es que, cuando utilices conductas instintivas como reforzadores, interrumpas la actividad antes de que el perro se muestre cansado. Cuando el perro ya muestra el cansancio, el trabajo ha sido excesivo. Nunca se toman demasiadas precauciones frente a este riesgo: es crucial prestar atención a cualquier demora en los tiempos de reacción frente a señales, puentes y reforzadores incondicionales.

INTERACCIÓN

A mi entender la interacción es un reforzador primario, a menos que dicha conducta se haya inhibido durante las primeras fases del desarrollo.

Confieso que, aun con toda mi experiencia con perros en ambientes rurales y urbanos, no sabría decir si los perros viven en nuestra compañía por conveniencia, como un recurso útil para la supervivencia, o si tienen una necesidad intrínseca que satisfacer. He conocido varios perros rescatados de situaciones en las que esta interacción no se había dado. Con la excepción de uno de ellos, los demás apreciaban y buscaban la compañía de la gente. Este progreso justifica todo el trabajo y dinero invertidos en su rehabilitación. Sin embargo, excepcionalmente puede haber perros que no encuentren reforzante la interacción con personas. El cuidado de dichos perros debería encomendarse a personas formadas y conscientes de la necesidad de cultivar las conductas de interacción a través de un programa de refuerzo continuo. En conclusión, como regla general podemos asumir que para la mayoría de los perros la interacción con los humanos constituye un reforzador primario.

Hay diversas formas de interactuar con los perros y cada una provoca un impacto distinto en ellos. A los cachorros con una edad entre tres y cuatro semanas no les gusta que les cojan salvo que se establezca una asociación reforzante con este hecho. Sin embargo, incluso antes del destete, les gusta el olor y las caras de los humanos. Teniendo esto en cuenta lo que hago es tumbarme en el suelo boca abajo y permitir a los cachorros que me investiguen. No tardan mucho en empezar a lamer mi cara y es una de las primeras situaciones en las que empiezan a mover el rabo. Más adelante, cuando ya se encuentran cómodos con la manipulación y al levantarles del suelo, les dejo lamerme en la cara para seguir reforzando su conducta cooperativa. Son muchos los perros a quienes durante toda su vida les resulta reforzante lamernos en la cara. Algunos de ellos se convierten en expertos en lavar caras. Sin embargo, es importante ser cauto y no ofrecer la cara a un perro desconocido o que no está interesado en interactuar para evitar llevarse un mordisco en la nariz.

Dejarse lamer la cara es la típica conducta que dudo antes de mencionarla como ejemplo porque pienso en el riesgo de que alguien malinterprete los detalles y se lleve un mordisco. Por supuesto, luego vendrá diciendo "pero Kay me dijo que...". Por suerte es algo que sólo sucede una vez ya que la persona suele entender a la primera el riesgo que conlleva situar la cara cerca de un perro desconocido. También puede que aprenda a prestar mayor atención a los detalles o quizás a no fiarse de mis consejos. Esto, por cierto, ilustra uno de los efectos perniciosos del castigo: nunca podemos estar seguros con qué conducta lo relacionará el aprendiz.

Mabel, mi primera Gordon Setter, nunca lamió mi cara. Sin embargo, le encantaba olisquearla, especialmente a primera hora de la mañana cuando se acercaba a mi cama para conectar conmigo compartiendo el aire que respirábamos. Era un momento precioso de intimidad.

En todo caso lamer la cara no es una conducta aprendida sino instintiva y viene a ser el embrión del deseo de aprobación que se desarrolla con posterioridad, entre la quinta y la séptima semanas de vida. Cuando un cachorro de tres semanas se encuentra con un perro adulto desconocido se comporta de forma muy cauta: se encoge y vuelve a su cama. El mismo encuentro se resuelve de forma distinta cuando el cachorro tiene entre cinco y siete semanas: utiliza las armas de cachorro que consisten en la búsqueda de aprobación a través de un completo arsenal de conductas de apaciguamiento activo y pasivo. Así muchos cachorros se ponen panza arriba y exponen los genitales, lamen los belfos del adulto, gimotean o incluso orinan. Estas conductas marcan el inicio del desarrollo de las habilidades sociales. Antes de esta edad sería peligroso exponer a un cachorro a perros adultos con la excepción de su madre. Por el contrario, si una vez alcanzada esta edad se les priva de la experiencia, sus habilidades se limitarán a encogerse y huir sin llegar a desarrollar las conductas de búsqueda de aprobación descritas. Esto ocurre con los cachorros destetados de forma prematura que sólo interactúan con otros cachorros. En resumen, es de suma importancia proveer un ambiente rico que proporcione las oportunidades de aprendizaje necesarias para desarrollar las habilidades sociales que le permitan desenvolverse con otros perros.

Un perro criado sin contacto con otros perros no tendría la posibilidad de desarrollar su instinto social primario respecto a otros miembros de su especie. De forma análoga al Border Collie con fijación por la pelota, dicho perro focalizaría sus necesidades de interacción social con los humanos en detrimento de la buena sociabilización con otros perros. En definitiva, la forma en que permitimos que las conductas instintivas se desarrollen dando lugar a patrones de comportamiento tiene una influencia enorme en la topografía del comportamiento del perro durante el resto de su vida.

Un cachorro que reconoce a un miembro de la familia que regresa irá a saludarle con entusiasmo, en particular cuando dicho regreso marca el final de un periodo de soledad. El entusiasmo viene causado del restablecimiento del vínculo con su grupo social. Si decides saludar al perro sólo una vez que haya salido al jardín a orinar, el patrón reforzado exhibirá esta idiosincrasia.

En casa he elegido hacerlo de la siguiente manera: cuando regreso les dejo que salgan al jardín y, cuando se han calmado ligeramente de la excitación provocada por la reunión del grupo, procedo a saludarles uno a uno. Lo hago de esta forma porque si les saludara nada más llegar, el nivel de excitación excedería su capacidad de autocontrol. Un Gordon Setter saltarín cuyo hocico alcanza la altura de los ojos es más de lo que cualquier persona puede aguantar, por mucho que le gusten los perros. De modo que la estrategia se basa en evitar que los dos eventos reforzantes (mi regreso y el saludo individual) se solapen. De vez en cuando cambio la secuencia y me abstengo de entrar inmediatamente a la casa una vez que he vuelto. Me quedo arreglando cosas por el jardín y sólo después entro. Gracias a esta forma de actuar el momento del saludo es mucho más manejable. Al tratarse de un protocolo que han aprendido de cachorros goza de una gran fortaleza, y se vuelve más y más sólido con cada repetición.

Cada pequeño momento de interacción puede convertirse en un fuerte reforzador. Por ejemplo, si disfrutas jugando con tu perro, no sólo las conductas de caza a las que recurres, sino también la atención concentrada que le prestas en esos momentos actuarán como reforzadores.

Convertirse en el centro de atención es reforzante, pero por desgracia, debido al interés de los perros por los humanos, los primeros son capaces de descubrir formas de llamar la atención que pueden ponernos en evidencia. Mi perra Mabel obtuvo su primer master en captar la atención de humanos cuando descubrió como desviar mi foco de atención del ordenador hacia ella. Cuando era cachorra aprendió a dar un golpe en la puerta para que la dejara salir, algo que explotaría toda su vida para reclamar mi atención si me encontraba distraída, por ejemplo, trabajando en el ordenador o atendiendo a un visitante. Como pequeño inciso, esta anécdota ilustra la dificultad de prever con qué conducta asociará el perro el reforzador cuando se dan varios comportamientos al tiempo.

Curiosamente Mabel sólo recurría al truco de la puerta cuando yo no estaba prestando atención. De lo contrario, esperaba pacientemente con mis otros perros a que abriera la puerta. Tengo la costumbre de sentarme a charlar en la cocina cuando invito a alguien y recuerdo que, después de que Mabel golpeara quince veces la puerta, los invitados preguntaban tímidamente: ¿No crees que necesita salir a aliviarse? Antes de abrirle esperaba a que se calmara. Tras dejarla salir me quedaba observándola desde la ventana. La veía ventear por un instante celebrando el olor de una nueva victoria, antes de darse media vuelta y volver dentro. Ambas sabíamos que me había conseguido manipular de nuevo.

Quick, un cachorro de Collie, tenía cinco meses y necesitaba cepillarle. Sin embargo, al tratarse de un perro muy sensible a que le tocaran no aceptaba con facilidad que le cepillara. Mi protocolo para desensibilizarlo consistió en ponerlo sobre una mesa y permitirle que me lamiera la cara, algo que le encanta, mientras le pasaba mi mano como si fuera un peine. Elevarlo a la altura de mi cara, la aprobación que le comunicaba y la posibilidad de lamerme la cara constituían un auténtico paraíso para Quick. En otras palabras, logré con estos elementos –explotando su necesidad de interaccionar y de aprobación– que la actividad fuera muy reforzante. Gracias a ello pude introducir en muy poco tiempo el cepillo utilizándolo con la misma cadencia a la que ya le había acostumbrado con la mano. A día de hoy no sólo se deja acicalar, sino que es algo que no le desagrada. Ahora bien, si mientras estoy peinándole me despisto, deja de interesarle, demostrando así que el reforzador no es la acción de cepillarle el manto, sino la atención concentrada que le dispenso mientras lo hago. Para las conductas aprendidas, y en particular las más recientes, la falta de reforzador hace que se desmoronen rápidamente.

Uno de mis hobbies es la práctica de las disciplinas *Heelwork con música* y *Freestyle*[5]. Cuando Mabel era joven la llevé a algunas com-

5 *Heelwork con música* y *Freestyle* son deportes caninos relativamente recientes que combinan la obediencia, habilidades y baile, permitiendo una interacción creativa entre el perro y su guía. Nota del traductor.

peticiones. Por desgracia, al poco de haber empezado acaeció una de esas situaciones de aprendizaje de una sola repetición de las que ya he hablado. Nuestra rutina consistía en una danza escocesa. Ataviadas ambas con ropa de estricta etiqueta escocesa hacíamos los siguientes movimientos: Mabel ejecutaba una elegante permanencia en reverencia mientras yo la circundaba con pasos de baile. A continuación invertíamos los papeles, y ella giraba en torno a mí. Sin embargo, en aquella ocasión le pasó desapercibida la señal para empezar a girar, de modo que se quedó anclada en la reverencia. Este desajuste provocó risitas en el público que fueron in crescendo a medida que la "desobediencia" se prolongaba durante cuarenta largos segundos. A raíz de esa única experiencia pedirle una reverencia se convirtió en un desafío, salvo que se tratara de cerrar el número con esa conducta. Una oportunidad de demostrarlo surgió en el campeonato específico de la raza: los espectadores se entusiasmaron viendo cómo Mabel –libre de correa y por voluntad propia–no rompió la permanencia en reverencia hasta que cesaron las ovaciones. Era como si la diva no quisiera dejar a su público totalmente entregado.

Mabel disfrutaba con el entrenamiento con clícker y el moldeado libre en particular. Le gustaba exhibirse y adquirió una reputación por ofrecer conductas radicalmente nuevas cuando tenía espectadores. Los Gordon se caracterizan por tener una fuerte tendencia a hacer reír y entretener a las personas. Este feedback humano les refuerza más que la comida de cualquier clase, lo cual es mucho decir porque, como buenos perros de caza de pluma, tienen también un estómago sin fondo. Hubiera necesitado asistencia divina si Mabel hubiera encontrado un día público y pájaros juntos.

CÓMO PONER LÍMITES

Los perros dedican su juventud a obtener, a través del estudio concienzudo, una licenciatura en conducta humana. Algunos gozan de un talento natural, así que continúan sus estudios matriculándose en la maestría sobre cómo manejar personas.

El estudio del ambiente es algo imprescindible para la supervivencia, instintivo y autorreforzante. Requiere una fina capacidad de observar, buena memoria y habilidades olfativas desarrolladas. Con todo ello, los perros pueden detectar cambios sutiles en el ambiente y patrones en la conducta de las presas y de otros predadores. De modo que no es de extrañar que un perro con quien compartes techo sea capaz de predecir cuándo vas a despertarte por el aumento en la frecuencia de las variables fisiológicas ni, por supuesto, que reconozca el sonido del despertador. También se hacen eco de la excitación que caracteriza tus movimientos cuando te preparas para salir o haces las maletas. Murphy solía ir al coche cuando me veía preparar sándwiches por la noche. Sabía que sólo los preparaba cuando teníamos planes para salir.

Somos elementos claves en las vidas de nuestros perros. Les damos de comer y determinamos qué, cuánto y cuándo van a comer. Controlamos también el acceso al ejercicio y gran parte de la estimulación sensorial, incluida la que procuramos a través del juego o el entrenamiento. Les proporcionamos seguridad y un sentimiento de pertenencia a un grupo. Todas estas necesidades son instintivas y controlar su satisfacción es algo muy reforzante para cualquier perro.

Ahora mismo cinco perros corretean por mi jardín jugando al conocido juego "mi juguete mola más que el tuyo". Hay muchos juguetes para cada perro, pero esto no quita para que lo que coja Speck sea lo que quiere Dottie. De modo que Speck se aprovecha de esta debilidad para tomarle el pelo a Dottie y disfrutar de ese dulce momento de atención absoluta en que todo gira alrededor suyo. De repente el momento estelar de Speck es interrumpido por una novedad en la verja. Todos corren hacia allí para comprobar qué ocurre antes de continuar jugando. Flink aprovecha la circunstancia para hacerse con la preciada posesión de Speck, pero Dot y Speck no le hacen ni caso. Flick es más joven por lo que su conducta apenas importa a los otros. Un minuto más tarde Flick ha dejado el juguete y Dot lo recupera para ir a picar a Speck. Huelga decir que Speck y Dot son hermanos.

Es normal querer subir peldaños en el escalafón. Por ello los pequeños éxitos son enormemente reforzantes. Un ejemplo sería cuando el perro se tumba en el dintel de la puerta de la cocina. Para entrar o salir tienes que circundarle con cuidado. Compara la forma en que te moverías con y sin él. Sin el perro en medio cruzarías la puerta relajado, confiado y derecho. En cambio, con él allí tumbado pasas con cuidado, perdiendo por un momento el equilibrio y la relajación. Puede que incluso te disculpes: "no, por favor no te levantes". En otras palabras, el perro logra desde esa posición alterar tu comportamiento. Algunos perros no advertirán este hecho, pero aquéllos que están cursando el master en conducta humana tomarán buena nota. Es importante que te des cuenta de ello, sobre todo si ocurre con frecuencia. Se trata de una conducta que está siendo reforzada por el instinto del perro para ganar control sobre el ambiente que le rodea. Al cambiar tu conducta refuerzas la del perro. Aunque se retrate de eventos relativamente pequeños resultan muy reforzantes para el perro, por lo que pueden dar lugar a patrones de intentos más acusados.

Soy consciente de que lo que he escrito en el párrafo anterior se podría leer como el típico cuento de viejas en torno a la dominancia. Desde luego no comparto el pensamiento de que los perros aspiren a dominarnos. Ahora bien, gracias a sus excelentes habilidades de observación y de forma accidental pueden aprender a manejarnos. Algunas veces logran obtener de nosotros una conducta en su beneficio directo, mientras que otras veces prefieren cualquier cosa a nuestra indiferencia. En el fondo, el resultado de la manipulación es con frecuencia irrelevante. El perro que se tumba en el dintel de la puerta puede no ganar nada con su conducta aparentemente indolente. Sin embargo, el hecho de que a través de su conducta o ausencia de la misma logre manipularnos es en sí un proceso altamente reforzante. En resumen, sin darnos cuenta podemos estar reforzando una conducta de manipulación por parte del perro. En la otra cara de la moneda puede haber también un reforzador para la persona si le hace gracia la manipulación del perro: "Oh Mabel, cariño, ¿quieres salir a dar una vuelta?".

Kent es un Gordon Setter que pesa casi cuarenta kilos. Le gusta saludar a las personas. El inconveniente es que la exuberancia propia de la juventud le lleva a saltar hasta el nivel sus cabezas. Para evitar llevarse un golpe en la nariz mucha gente aprendió a dar un paso hacia atrás. Dado que no es el más agudo de los perros que conozco, tardó algunos meses en darse cuenta hasta qué punto resultaba reforzante hacer que la gente retrocediera varios pasos cuando les saludaba. Incluso cuando las personas no reaccionaban de una forma evidente a los excesos de Kent, ese pequeño movimiento hacia atrás era un reforzador suficiente para mantener la conducta de saltar sobre la gente. Con el tiempo observé cómo Kent ponía a prueba a las personas; se había sacado de la manga un test de inteligencia para humanos. Primero, amagaba el salto. Luego, sólo si la persona era valiente y continuaba sin dudarlo –algo que requería nervios de acero– renunciaba a saltar. A continuación, en la segunda fase del saludo su pasatiempo giraba en torno a morder la parte baja de la chaqueta que llevaba puesta la persona.

Muchas de las personas que nos visitan van vestidas con ropa apropiada para interaccionar con perro, como prendas de lana amplias rematadas con puños y cintura elásticos. Estas prendas suelen tener un botón que permite ceñir más la parte baja. Kent mordía el botón y ay de ti si te atrevías a alejarte. Si le ignorabas, hacía tracción con las cuatro patas para evitar que avanzaras. La prenda se empezaba a estirar hasta que te invadía el miedo de que soltara. Con la recuperación del elástico, el botón te podía golpear con la fuerza de un rayo. Para evitar una experiencia dolorosa, las personas cedían y prestaban atención a Kent. Por lo general, si tenía un día bueno, Kent les soltaba tras un masaje de cinco minutos acompañado de una conversación que le complaciera.

La clave para evitar esta sutil manipulación es, una de dos, ignorarle practicando la indiferencia más total y absoluta, o fingir ante el perro que el dedicarle atención ha sido una idea tuya desde el principio. Es raro que alguien enseñe a su perro a propósito a ser despótico y manipulador. Sin embargo, los perros pueden malinterpretar nuestro deseo de cuidarles y volverse egocéntricos pensando que pueden obtener más o menos cualquier cosa que quieran. Puede que seas el cuidador del perro, pero créeme que no tardarás mucho en convertirte en su esclavo si no prestas atención a tu propia conducta.

Pese a todo, un deseo de atención que alimento de forma deliberada es el que se produce cuando el perro se hace daño. Fomento así que corran hacia mí para atenderles. Hace muchos años ayudé a una amiga a excavar para desenterrar su recién llegado cachorro de pastor alemán de debajo del cobertizo del jardín. El cachorro había estado jugando en el jardín y había resbalado dentro de un pilón de piedra astillándose una falange. Debido al shock y el dolor, el cachorro se fue directamente a refugiarse debajo del cobertizo. Para evitar que huyan al "cementerio de elefantes", dedico ingentes cantidades de atención a mis perros cuando se hacen daño. Así me aseguro de que corran hacia mí en busca de socorro cuando se lesionan, incluso en casos de heridas leves.

Puedes utilizar como reforzadores la atención o la risa para muchas de las fantásticas conductas que ofrece tu cachorro y, de este modo, moldear las reacciones que exhibirán a lo largo de toda su vida. Como apuntaba Proust en la cita que cerraba la introducción, lo único que necesitas es verlo con ojos nuevos.

COPIADO DE CONDUCTA[6]

Tengo la tremenda fortuna de compartir mi vida con varios perros que me han asistido para estudiar mi máster en cinología durante muchos años. Además, tuve la suerte de tener un padre que aprovechó todas las oportunidades para reforzar mi instinto de aprendizaje. Nunca le oí decir "porque lo digo yo". Todo lo contrario, a menudo me daba tediosas explicaciones sobre el porqué. No se ahorraba los detalles. Irónicamente por este camino llegaba al mismo punto: Haz lo que te he pedido, y hazlo ahora. También me siento afortunada de haber podido ver trabajar a adiestradores de gran talento con cachorros y perros jóvenes. Contemplándoles un aspecto que veo con frecuencia es lo reforzante que resulta la imitación, el aprendizaje cognitivo social.

Un perro hace algo y, enseguida, otro perro le imita: Speck coge un juguete para corretear por el jardín y todos los demás hacen lo mismo. Para el imitador es difícil entender cuál es el reforzador, pero sin duda lo hay porque las conductas imitativas se mantienen con solidez. El mismo proceso se da cuando las personas imitan a sus perros: un cachorro se activa y hacemos otro tanto; o corre para explorar una hoja que empuja el viento y le seguimos. Cuando el perro se excita ante la inminente llegada al parque y reaccionamos de una forma análoga –alzando demasiado la voz o

6 El término utilizado en el original es "mirroring" y con él la autora se refiere en general tanto a fenómenos de influencia social (p.ej., facilitación social o conducta contagiosa) como al aprendizaje social incluidos el aprendizaje vicario u observacional y la imitación. Nota del traductor.

moviéndonos de forma nerviosa y excesiva–, el perro lo interpreta como una imitación de su estado de activación. La lección a extraer de estas observaciones es doble. Primero, nuestra imitación refuerza la conducta original del perro, ya se trate de ansiedad, activación, interés o indeferencia. Segundo, debemos utilizar la imitación de una forma cuidadosamente premeditada.

Un amigo mío está especializado en el trabajo de rastro. Siempre que adopta un nuevo cachorro, sin necesidad de ponerse a cuatro patas, imita la conducta de rastreo del cachorro mostrando gran interés y foco.

Otra amiga a quien le encanta el deporte de la Obediencia siempre establece contacto ocular con sus cachorros cuando éstos la miran. Todos sus perros pasan muchas horas focalizados en ella y el árbol que representa esa conducta, de copa ancha y fuerte como un roble, brota a partir de esa modesta semilla plantada cuando el perro es un cachorro.

Cuento con grandes amigos. ¿O quizás con grandes fuentes de sabiduría? Volveré sobre este tema en un capítulo sucesivo cuando aborde la aplicación de estas herramientas. Por el momento lo que quiero dejar meridianamente claro es que no obtienes lo que quieres, sino lo que refuerzas. Cuando trabajamos en una clase de cachorros jóvenes la conducta de no tirar de la correa, suelo preguntar a quienes tienen problemas por qué, para empezar, reforzaron la mala conducta. La conclusión a la que llego es que se hace de una forma inadvertida. Sin duda se puede entender como otra ramificación del árbol del condicionamiento por imitación.

PROXIMIDAD

La proximidad no deja de ser una variable que afecta a la seguridad que proporciona el estar acompañado. Muchos perros la encuentran reforzante. Por ello, cuando vives como yo con varios perros, aquél que se pone más cerca obtiene más refuerzo que los demás. Tomo buena nota de dónde se coloca cada uno de mis perros tras un cambio de actividad. Con frecuencia pongo la cama de cada uno de ellos en el lugar donde eligen tumbarse libremente, sobre todo para aquellos perros que sacrifican el confort en aras de estar cerca de mí o en un sitio desde el que puedan verme. Dos de mis Border Collies, Speck y Dot, actúan de esta forma. El confort está en la parte baja de su lista de prioridades, de modo que se posicionan entre la puerta de la calle y yo. Saben que la diversión suele empezar una vez que salimos por esa puerta y no quieren correr el riesgo de perdérselo. Tessie, en cambio, elige un lugar más cómodo y observa sin molestarse lo más mínimo hasta que detecta una señal inequívoca de que la acción va a empezar (coger las llaves, ponerme las botas o el abrigo).

CONEXIÓN

Tessie es por el momento la más joven de los Gordon que tengo. Me la devolvieron con cuatro años y durante los meses que siguieron a su regreso necesitó mucha compañía por mi parte. A medida que ganó en autoconfianza logré que, una vez que me veía acomodarme frente a la televisión, se alejara para ir a descansar a la cocina sobre su cama favorita. Este cambio en la jerarquía de los reforzadores fue un claro signo de los cambios internos en el sentimiento de seguridad. A día de hoy aun necesita en raras ocasiones ponerse junto a mí en el sofá. Quién sabe, quizás algo de lo ocurrido durante el día subió sus niveles de ansiedad. Cuando veo que la frecuencia con la que me necesita aumenta, procuro dispensarle atención concentrada a través de nuestras charlas privadas en la escalera. Esta conexión frecuente es profundamente reforzante para ambas y reduce en gran medida las conductas que tienen como causa el estrés. A veces con perros adultos lo mejor es ignorar la mala conducta y establecer con frecuencia conexión con ellos hasta que la conducta se modifica por sí sola. La conexión sirve para mantener una atmósfera relajada y garantiza un grupo fácilmente manejable.

Con frecuencia los perros eligen cómo establecer la conexión contigo. Quiz tiene 10 años y no es nada exigente, aunque sí comodón. Cuando aún vivía Mabel y entraba a trabajar en mi despacho, le usurpaba la cama que estaba justo a la puerta del despacho. Desde allí me oía trabajar y controlaba la escalera por si acaso me iba. Una o dos veces cada hora hacía una ronda; entraba al despacho, me miraba y luego volvía a acostarse. Por el contrario Mabel, que mientras tanto había aprovechado para acomodarse sobre mi cama, hacía la misma ronda, pero añadía un amistoso gruñido para expresar su opinión. Estaba ya en su vejez y por eso cuando me visitaba me tomaba un pequeño descanso para disfrutar al máximo de su compañía. Pasados los primeros años de manipulación –una conducta cuya modificación me llevó varios meses– había aprendido a evaluar mi grado de concentración cuando me veía trabajando en el ordenador. Si estaba en una tarea sencilla, sabía que me podía interrumpir. En cambio, cuando me veía totalmente concentrada, me miraba y se iba de inmediato. Tenía un gran talento natural y a esas alturas sospecho que había obtenido un doctorado sobre mi conducta.

Esta conexión, el hilo que ata a los distintos componentes del grupo, es un elemento invisible que es fácil pasar por alto. Cada vez soy capaz de ver ese hilo con mayor frecuencia y alegrarme con cada ocasión que se renueva. Lo veo en el anciano que saca a su perro a pasear. Lo veo en la caricia que de pasada hace el granjero a su copiloto canino en el tractor. Lo veo en el competidor que descansa su mano sobre su perro antes de entrar a la pista. Quizás la mejor forma de empezar a ver este hilo es aprendiendo a observar las situaciones de desconexión que, por supuesto, son altamente punitivas para el perro, incluso cuando el guía no se da cuenta. La persona que mientras entrena a su perro desvía la mirada continuamente para ver si alguien le mira. La persona que interrumpe el juego con su perro porque se para a hablar con sus amigos. La forma de pasear desconectados, donde el perro y la persona están físicamente separados y dirigiendo la atención en direcciones divergentes: el perro mira el horizonte, mientras la persona está absorta en su teléfono móvil. Sufro viendo cómo se corta la conexión y con ello la posibilidad de entendimiento a la que aspiramos. En conclusión, la conexión funciona de forma idónea cuando resulta igualmente reforzante para cada uno de los seres que se encuentra a ambos extremos de este invisible hilo.

¿CUÁNDO DEJA DE SER UN REFORZADOR?

Nuestra interacción puede dejar de ser reforzante cuando el perro necesita tiempo para ser un perro, ya sea para descansar, dormir o llevar a cabo cualquier otra conducta. El caso es que necesitan disponer de tiempo para sí mismos. Además, estos descansos les sirven para asentar el aprendizaje y, quién sabe, puede incluso que reflexionen acerca de las lecciones que ellos mismos imparten. En todo caso, si no les concediéramos este tiempo para ellos, nuestra interacción y comunicación sin solución de continuidad se convertirían en reforzadores mucho menos efectivos[7].

ELECCIONES

No fue fácil para mí decidir si ofrecer la posibilidad de elegir entre varias opciones constituye un reforzador primario o secundario. Probablemente forma parte del aprendizaje instintivo. En cualquier caso, mi objetivo es enfatizar su importancia ya que a menudo las rutinas y métodos de adiestramiento que aplicamos despojan al perro de la posibilidad de elegir.

Una de mis alumnas trabaja como cuidadora en una residencia de ancianos. Tras una clase de clícker en la que debatimos acerca de cómo este método de entrenamiento ofrece opciones a los perros, introdujo algunos cambios en la rutina que se estaba aplicando a los ancianos en su centro de trabajo. Reemplazó el patrón de tomar la decisión de lo que cada persona tenía que llevar puesto por una alternativa entre dos opciones: ¿Hoy quieres llevar el bonito vestido rosa o tu favorito que es el verde? De esta forma, algo que hasta ese momento había sido un momento de estrés empezó a resolverse más y más rápido. Siempre que era factible empezaron a ofrecer opciones, también para la comida y las distintas actividades.

Ofreciendo opciones el aprendiz gana un sentimiento de autonomía y locus control interno. Ahora bien, la introducción de un abanico demasiado amplio de opciones puede dificultar el ejercicio de esta autonomía. Recuerdo que en uno de mis restaurantes favoritos dieron un lavado de cara al negocio acortando la lista de opciones del menú que hasta entonces contaba con catorce segundos platos. Al acortar la lista agilizaron el servicio, ya que los clientes invertían menos tiempo leyendo el menú. Al mismo tiempo, aumentaron su volumen de negocio. La cuestión es que ofrecer demasiadas opciones puede convertir el momento de la elección en una ardua tarea. Con fre-

7 El fenómeno al que se refiere la autora es conocido como "saciación". La saciación se define como el declive en la efectividad de un reforzador por saturación o la exposición repetida al mismo. El fenómeno opuesto a la saciación es la deprivación: al evitar temporalmente el contacto del aprendiz con el estímulo apetitivo, aumenta su valor como reforzador. Saciación y deprivación se pueden clasificar, dentro de los antecedentes de la conducta, como operaciones motivacionales, ya sea de establecimiento, si incrementan la efectividad de un consecuente, ya sea de abolición en caso contrario. Véase la nota al pie de página 10 más abajo. Nota del traductor.

cuencia una mínima capacidad de elegir entre dos opciones, A o B, puede resultar suficiente para que la actividad sea reforzante. Esto es de suma importancia ya que, si no hay refuerzo, entraremos en los cuadrantes del castigo. Los siguientes ejemplos ilustran este aspecto tan importante.

¿Cuántas veces has visto a tu perro rebuscar en su caja de juguetes hasta encontrar el apropiado para jugar?

Algunos de mis perros comen peor que los otros. Uno de ellos mejoró su motivación por la comida tras darle a escoger entre diferentes tipos de huesos. Eran exactamente iguales a mis ojos, pero tras un par de minutos olisqueándolos eligió uno que le abrió el apetito como nunca.

Durante la última década se han desarrollado diferentes tipos de entrenamiento con clícker, así que ahora nos piden que clasifiquemos nuestro trabajo en una u otra categoría. Mi elección personal es el moldeado libre de conducta en el que ofrecemos un objeto al perro y le damos plena libertad para elegir el modo en que desea interactuar con él. Lo que buscamos es un aprendizaje sin errores en el que el perro vaya eligiendo entre distintas opciones a lo largo de este camino sin errores. Al concederle la potestad de elegir nos aseguramos de que una cantidad inmensa de refuerzo fluya hacia el aprendizaje que estamos llevando a cabo.

Los perros jóvenes, desde que son cachorros de ocho semanas, disfrutan con la posibilidad de elegir y crecen a ojos vista con este tipo de adiestramiento. Perros mayores a quienes a lo largo de su historial de aprendizaje se les han limitado las posibilidades de elegir libremente, al igual que las personas que han sufrido este déficit, pueden mostrar problemas para tomar decisiones. Es como si te dijeran: "tienes que decirme lo que hacer, por favor". Estoy convencida de que cuando el aprendiz opta libremente, ya se trate de un perro o de una persona, éste llevará a cabo la conducta durante más tiempo. De modo que trato de ofrecer siempre una alternativa para que la persona elija una u otra opción como solución al problema. Soy reacia a elegir en el lugar de otro porque cuando lo hacemos es muy probable que el aprendiz no muestre adherencia por nuestra solución.

En definitiva, elegir entre distintas opciones contribuye a desarrollar las capacidades del aprendiz: entre otras la resolución de problemas, el aumento de la memoria para establecer filtros que impidan volver a tomar malas decisiones y la práctica de la capacidad de análisis. Los cachorros de edades comprendidas entre los tres y los cuatro meses pueden ya exhibir grandes capacidades en estos ámbitos. Sin embargo, existe el riesgo de que las pierdan si no las ponen regularmente en práctica. Es realmente hermoso ver cómo un aprendiz va alcanzando su plenitud a través de la práctica del moldeado libre de conducta. El proceso en sí es altamente reforzante para ellos ya que cuentan con nuestra atención concentrada mientras tratan de desentrañar el misterio de lo que nos hace clickar.

Reforzadores secundarios

Un reforzador secundario o condicionado es un estímulo que predice de manera contingente la aparición de un reforzador primario o incondicional. Así, un click predice la aparición de comida. A menudo veo perros que salivan o se relamen apenas oyen el click. Cuando el clícker es utilizado para predecir un momento de juego, el nivel de activación del perro aumentará con el click. Es decir, se establece una conexión respondente (emocional) entre el puente y el reforzador subsiguiente. Dicha conexión sólo se mantendrá si se respeta la contingencia: cuando sucede A, entonces sucede B. Por el contrario, si hacemos sonar el clícker y no dispensamos un reforzador, la capacidad predictiva del puente disminuirá.

Cuando entreno a cachorros de cuatro semanas de edad hago sonar un silbato antes de servirles su ración de comida. Al principio no alzan la mirada sino que buscan la comida por el suelo. Sin embargo, bastan entre cinco y siete días de entrenamiento para que empiecen a buscar su comida más arriba. Condicionando este sonido, puedo hacer sonar el silbato con la seguridad de que vendrán corriendo. Utilizo un intervalo de refuerzo continuo, es decir les permio en todas y cada una de las ocasiones que acuden a la llamada del silbato. Cuando tienen entre seis y ocho semanas el mero sonido del silbato provoca que se les haga la boca agua.

El emparejamiento puede tener lugar entre cualquier reforzador (o, si fuera el caso, cualquier castigo) y cualquier estímulo, predecible o no. De hecho, muchas veces tiene lugar sin que nos demos cuenta. Una de las mayores ventajas de utilizar un puente es que podemos reforzar conductas a distancia: si el perro se mueve o salta de una forma que quiero reforzar sólo tengo que clickar en ese preciso instante y premiarle después. Cuando un Gordon se vuelve hacia ti al oír el silbato puedes clickar y premiarle de esta forma por dejar de desplazar la mirada de un sitio a otro (la interrupción de esta conducta no es fácil para los individuos de esta raza) y, a continuación, premiar cuando sea oportuno.

La ventana para premiar no debe exceder los dos o tres segundos a contar desde el click. Sin embargo, en el caso de una llamada a cien metros de distancia se puede clickar al perro por dejar de perseguir el conejo y cuando te mira puedes empezar a reforzar visualmente llevándote la mano a la bolsa de premios y rebuscando en ella con el fin de tener el más sabroso de los premios preparado para cuando llegue a tu posición. Si el perro está familiarizado con este gesto de verte elegir el premio antes de la entrega, le bastará observar cómo inicias este patrón para que su conducta de acudir a la llamada se vea reforzada.

Cuando entreno a mis perros en grupo utilizo el contacto ocular a modo de clícker. Les doy la señal para que se sienten y, a medida que cada uno de ellos lo hace, le miro y le premio. Si vamos caminando con correas, el perro que se desplaza a mi lado gana el contacto ocular y el consiguiente premio antes de volver a continuar la marcha. En otras ocasiones puede que estemos de pie mirando algo que ocurre. Si el perro se queda tranquilamente a mi lado, capturo la conducta y la refuerzo con comida o con afecto.

Cuando doy una clase puede haber hasta ocho guías trabajando diferentes conductas con sus respectivos perros. Hago una ronda entre ellos con el fin de comprobar cómo progresan y darles feedback. Cuando la persona anticipa que voy a observar su trabajo, suele aumentar sus niveles de ansiedad, lo cual se manifiesta en la pérdida de conexión y foco entre ella y su perro. De esta forma mi aproximación constituye un puente que anticipa la aparición de un castigo, por lo que el perro ofrecerá menos conducta. Rara vez veo que alguien asocie un puente con un estímulo aversivo de forma intencionada. Sin embargo, date cuenta que esto sucede de forma alarmantemente frecuente de forma involuntaria.

ENSEÑANDO NUEVOS REFORZADORES

Puedes crear nuevos reforzadores secundarios emparejándolos de forma sistemática con un reforzador primario. Algunos perros tienen problemas con las caricias, pero puede volverse agradable y reforzante si las emparejas con la entrega de comida. ¿Cuánto tiempo tardarás en contracondicionar las caricias? Dependerá de hasta qué punto sean desagradables para el perro. En algunos casos puedes necesitar unos cuantos cientos de emparejamientos. En otros, sin embargo, el emparejamiento debe tener lugar toda la vida ya que, de tocar al perro sin ofrecer el reforzador incondicional, éste huiría. Esto sugiere que las caricias son un castigo primario para ese individuo.

Podemos asociar diferentes actividades con los reforzadores primarios con el fin de facilitar la interacción con los perros. Se suelen utilizar las locuciones "buen chico" o "buena chica" para recompensar al perro. Puede que nos haga sentir mejor porque creemos que estamos recompensándole, pero a menos que las hayas emparejado de forma sistemática las palabras con un reforzador primario, tendrán escaso significado para el perro. Puede que nos haga sentir mejor porque creemos que estamos recompensándole. La única forma de medir si el emparejamiento ha sido suficiente para hacer del nuevo estímulo un reforzador secundario consiste en quitar el reforzador primario y utilizar el secundario de forma aislada. Si la conducta no crece es la prueba fehaciente de que aún no constituye un reforzador.

Un caso particular de reforzadores secundarios es el de las cadenas de conductas. Por desgracia solemos encadenar conductas correctas e incorrectas de forma accidental. Por ejemplo, el perro salta encima para saludar y posteriormente se sienta. Acto seguido, le reforzamos. Si a lo largo del tiempo el perro continúa saltando sobre las personas para saludar, queda demostrado que no basta con tratar de seleccionar una conducta alternativa y reforzarla. Puede que PIENSES que has ignorado la conducta de saltar, pero a menos que hayas quitado la atención y desconectado del perro abandonando la habitación, es muy posible que la conducta incorrecta siga reforzándose. Este punto está relacionado con la distinción ya hecha entre reforzador y recompensa. Si la mala conducta persiste, significa que está siendo reforzada, con independencia de cuáles sean tus pretensiones. Como se explicará en detalle más adelante[8], en este caso concreto de una cadena compuesta de una mala conducta precediendo a otra buena, el posterior reforzador tiene como efecto reforzar toda la cadena.

ENTRETEJIENDO LA CONDUCTA Y LOS REFORZADORES

Como ya he dicho, la naturaleza de la conducta es mutar y las repercusiones de dichos cambios se memorizan ya que, de lo contrario, incurriríamos siempre en los mismos fallos. Existen consecuentes de dos tipos: reforzadores y castigos, los primeros mantienen la conducta, mientras que los segundos llevan a suprimirla. En resumen, los reforzadores y los castigos se hallan entretejidos en las conductas que forman parte del repertorio del perro, o del nuestro.

Ahora bien, rara vez una conducta se emite de forma aislada. Lo más normal es que se emitan varias de forma simultánea, lo cual implica un riesgo: los premios y los castigos supuestamente dirigidos a una conducta pueden asociarse a otra distinta. Por ejemplo, ¿qué aprenderá un perro que ladra frente a la verja de entrada a casa si le castigamos pulverizando agua en su cara? Aunque tratemos de atajar la conducta de ladrar, puede que lo asocie con el lugar del incidente o con el hecho de vernos con un spray en la mano. Puede incluso que lo asocie con la presencia de una persona que pasaba por delante de la puerta cuando le infligimos el castigo, en cuyo caso mostrará incluso mayor ansiedad cuando alguien llegue. En definitiva, la única prueba de que el perro ha asociado el castigo a la conducta sería una disminución en la frecuencia o intensidad de ésta.

Otro ejemplo contribuirá a clarificar el alcance de este riesgo. Puede que hayas tratado de reforzar a tu perro por saludar con la pata. Sin embargo, si siempre lo hiciste mientras estaba sentado, es natural que cuando le des la señal estando de pie no lo haga. Fíjate que no hay historial de refuerzo para la conducta consistente en dar la pata estando de pie. Las conductas de sentarse y dar la pata se han fusionado al reforzarse siempre juntas en lugar de aisladas. Algo análogo sucede cuando pedimos al perro que suelte y siempre lo reforzamos por hacerlo cerca de nuestros pies.

8 Sobre estos extremos, véase el Capítulo 5.

Partiendo de ese historial de aprendizaje, aunque le des la señal para que lo haga a distancia, el perro se acercará a tus pies antes de soltar.

En resumen, lo que se refuerza es el conglomerado de conductas junto con la localización, la emoción, la velocidad y el ritmo de ejecución. Por tanto, las conductas o parámetros ligados a la conducta que se está tratando de reforzar (o castigar) también sufren los efectos del estímulo que aplicamos como consecuente, sobre todo cuando éste es intenso. En conclusión, un aspecto muy importante que debemos desarrollar como educadores es la destreza asociando los reforzadores con las conductas que queremos y no con otras.

¿CUÁL ES EL REFORZADOR DEL ENTRENADOR?

Es importante que también adquieras consciencia sobre lo que te refuerza a ti del hecho de entrenar. A algunas personas les gusta ver cómo su perro se muestra alerta e interactivo. Otros, en cambio, disfrutan con la aprobación de otras personas al exhibir la conducta final del perro. Puede que disfrutes por igual de los dos componentes. En caso contrario, si tienes un sesgo a favor de uno de ellos, tenlo en cuenta porque ese desequilibrio te hará favorecer una parte del entrenamiento sobre la otra. Tengo aprendices polarizados en ambos extremos, desde el entrenador empedernido que no cesa de enseñar a su perro nuevas conductas sin rematar ninguna de ellas, hasta el entrenador acelerado que se precipita al poner la conducta bajo señal de forma prematura para poder mostrar los resultados.

También he visto entrenadores que refuerzan conductas indeseadas sin darse cuenta. En algunos casos el perro está imitándoles, como cuando el guía está ansioso o estresado. En otros casos el reforzador es más sibilino: el dueño se ve reforzado, aun sin ser consciente de ello, al recibir la atención social provinente de amigos o de profesionales cuando su perro muestra un "problema" En conclusión, piensa qué te refuerza en el proceso de entrenamiento y aprende a gestionarlo.

CASTIGOS

No podemos evitarlos y, de hecho, todos los usamos en algún momento. De forma análoga al concepto de reforzador, el castigo se define por las consecuencias. Se trata de un estímulo que añadido (castigo positivo) o sustraído (castigo negativo) después de una conducta hace que la frecuencia de la misma disminuya en el futuro.

Para los entrenadores en positivo el término "castigo" esconde la misma trampa que la ya comentada respecto al término "recompensa". Solemos focalizar en el propósito perseguido por el entrenador en lugar de medir el resultado de la intervención sobre la conducta. Tan pronto como rompemos con ese hábito, a nivel tanto intelectual como emocional, logramos ser entrenadores mucho más efectivos utilizando el refuerzo y el castigo sin socavar al perro ni nuestra relación con él.

Saltar sobre la gente es una conducta típica de peros jóvenes. Si se toman las precauciones para evitar el refuerzo accidental, tal conducta nunca se desarrollará. El programa de control de antecedentes consiste en asegurarse de que al saludar al perro éste mantiene siempre las cuatro patas en el suelo y NUNCA se le refuerza por alzarse. Enfatizo "nunca" porque los perros son muchísimo más agudos que los humanos para advertir las consecuencias de una experiencia única. Esta diferencia tiene dos implicaciones importantes:

1. es necesario estar ojo avizor en todas las interacciones con animales jóvenes, y
2. no hay que tener piedad a la hora de instruir a otras personas para que tengan una conducta apropiada con el perro.

Un solo visitante despreocupado a quien "no le importa" que el cachorro le salte encima (y de veras me pregunto cómo puede reforzar esta conducta a un humano) puede derivar en toda una vida de malos hábitos. Aunque analizaré los intervalos de refuerzo en el Capítulo 5, baste decir por el momento que cuando la conducta es instintiva incluso una sola ocasión en que sea reforzada llevará al perro a seguir intentándolo cientos de veces. Por otra parte, la extinción será prácticamente inmediata cuando la conducta que ha sido reforzada en una sola ocasión sea meramente aprendida. En otras palabras, la relación entre la velocidad de extinción y el intervalo de refuerzo está fuertemente influenciada por la dicotomía entre conductas instintivas y conductas aprendidas. El motivo es que la conducta instintiva es intrínsecamente reforzante por lo que no precisa la presencia de un reforzador externo.

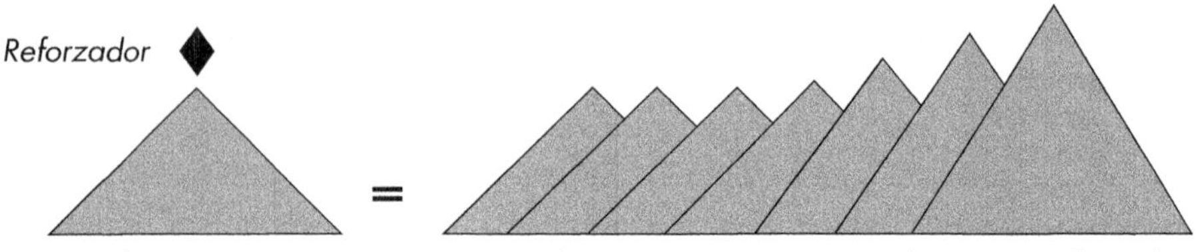

Conducta instintiva

La conducta se repite sin que haya un reforzador externo e incluso puede incrementarse, fenómeno que conocemos como estallido de extinción

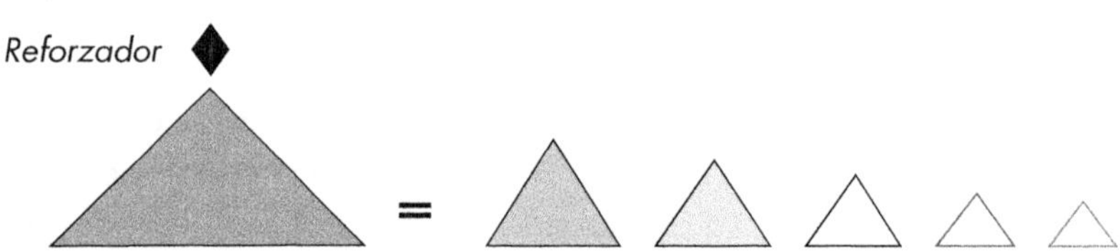

Conducta aprendida

La conducta decrece al cesar el refuerzo

Tengo la suerte de poder ejercitar a mis perros en una zona rural en la que no hay ganado, aunque sí la cruzan animales salvajes. Ninguna de las dos razas con las que trabajo (Border Collie y Gordon Setter) son cazadores veloces. Cuando cruza un ciervo galopando, los jóvenes Collies tratan de perseguirlo en vano y vuelven poco después con la lengua fuera. Dada la velocidad del ciervo, la respuesta instintiva no se refuerza y en futuras ocasiones el joven Collie ni siquiera se molesta: la conducta se ha extinguido de forma instantánea. Esto es especialmente efectivo en la primera ocasión que la conducta tiene lugar. La falta de éxito en la caza del ciervo es un castigo, y para los Collies ocurre lo mismo con las liebres y los faisanes. De modo que, no falla, cuando advierten la presencia de otro ciervo, estarán enfrascados utilizando su conducta instintiva de pastoreo con otros perros. Se trata de una conducta altamente reforzante y respecto a la cual no parecen saciarse nunca. En definitiva, ir a perseguir un cierto sería un doble castigo: por un lado no cuentan con la velocidad necesaria para cazarlo y, por otro, tendrían que abandonar una conducta reforzante como es el pastoreo de sus semejantes. Tal vez si se tratara de un paseo más relajado en el que los reforzadores presentes fueran de escaso valor –como explorar los setos–, la perspectiva de perseguir al ciervo resultaría comparativamente más reforzante. Analizaré el valor relativo de los distintos reforzadores en el capítulo siguiente.

Aunque los Gordon no reaccionan frente a los ciervos ni las liebres, su vocación es marcar la presencia de pájaros. Los faisanes y las perdices se quedan inmóviles cuando oyen a un predador de 40 Kg. abrirse paso entre los arbustos. Si los Gordon no contaran con una capacidad olfativa fuera de lo común, los pájaros les pasarían inadvertidos. Sin embargo, la cría selectiva a lo largo de muchas generaciones ha afinado su discriminación olfativa y tan pronto como detectan el olor de la presa se congelan. La congelación se transmite automáticamente a cualquier otro Gordon que pueda verla.

Dicha habilidad se conoce como "seguir el patrón"[9] y en las competiciones se comprueba la maestría de los perros para llevarla acabo. Sin ella, el segundo perro invadiría descuidadamente la zona espantando la presa que el primero ha localizado. El perro acompañante suele estar de cara al que marca la posición del pájaro, pero no comparte esta información a menos que haya localizado también el olor. A continuación el perro que marca debe mantener la posición hasta que se le dé la señal para levantar el trofeo.

Como mis perros no están entrenados para ir de caza responden como quieren. Kent prefiere quedarse congelado, de modo que se queda completamente inmóvil durante varios minutos. Mabel elegía moverse de forma sigilosa y acechante, como un gato, moviendo una pata cada vez hasta acercarse a la presa. Fue algo que aprendió de forma autodidacta en 2001, cuando cazó un pájaro, y continuaba haciéndolo aún en 2008, pese a que nunca más cogió otro.

Un extremo interesante es que los Collies no siguen el patrón de los Gordon, ni viceversa. Es decir, esta conducta de respaldar el acecho a la presa se produce dentro de cada una de estas dos razas, pero no entre perros de

9 "Backing" en el original. Nota del traductor.

distintas razas. De modo que mis Collies suelen entrar como el caballo de Atila a por el faisán y, de paso, sacan a Kent de su estado de congelación.

Tipos de castigos

La mayoría de los castigos que utilizamos son negativos, es decir, consisten en quitar un reforzador. Tessie está obsesionada con las pelotas, sobre todo las que pitan al apretarlas. Se puede pasar marcando la posición de la pelota durante dos horas cambiando de posición de vez en cuando. Obviamente se trata de una conducta altamente reforzante para ella que no necesita de ningún reforzador externo. A veces uno de los Collies roba la pelota, algo que Tessie no suele advertir hasta que han transcurrido algunos minutos. Esta eventualidad no la lleva a cazar al Collie o señalarle, así que no hay mayor problema con la conducta. Los problemas empiezan cuando la pelota se cuela en casa, ya que Tessie se excita mucho. Para evitarlo he ideado una forma exitosa, en mi opinión, de retirar la pelota antes de irnos a dormir. Consiste en poner la pelota en una cesta dentro del armario. En términos técnicos, estoy aplicando castigo negativo a la conducta de marcaje. Ahora bien, necesito poner la pelota dentro de una bolsa de plástico para evitar que el olor que escapa del armario evoque la conducta. Date cuenta que en la conducta de Tessie que acabo de describir la pelota funciona a la vez como señal y como reforzador.

A veces recurro a la pelota como alternativa a otra conducta que quiero evitar. Cuando salía de paseo con Mabel, a veces Tessie la molestaba. Mabel era ya mayor para aguantar sus tonterías, así que recurría a la pelota para mantener a Tessie ocupada y evitarle el mal trago a Mabel. Moraleja: Controlando el acceso a los reforzadores podrás controlar la conducta del perro.

Muy a menudo los castigos y los reforzadores son caras de la misma moneda: puedes prestar atención y quitarla, lo primero es refuerzo positivo mientras que lo segundo es castigo negativo. Es extremadamente difícil ser neutro. Reforzadores y castigos comparten el hecho de que pueden tener diferentes valores, ambos pueden ser continuos y con ambos existe una notable dificultad para emparejarlos con una sola conducta.

INFORMACIÓN AMBIGUA

La información ambigua es el castigo que elimina más conducta que cualquier otro aversivo. Nos idealizamos a nosotros mismos pensando que sólo estamos empleando el principio del refuerzo positivo y que evitamos la estimulación punitiva. Sin embargo, nuestra falta de disciplina nos lleva a infligir aversivos de forma involuntaria, dado que proporcionamos una información de baja calidad al aprendiz acerca de lo que necesita hacer y de si ha emitido una conducta de una forma correcta o no. Por defecto recurrimos al lenguaje verbal, pero a los perros no les resulta fácil discriminar entre las diferentes palabras. Para colmo emitimos mensajes contradictorios con nuestro cuerpo al mismo tiempo que les hablamos.

Por ejemplo, estando de pie en la puerta le decimos al perro que salga, pero nuestro lenguaje corporal indica con claridad que no tenemos intención de salir. ¿Qué mensaje debe creer el perro? Otro ejemplo, pedimos al perro que deje de ladrar, pero mientras lo hacemos nuestro estado de agitación indica al perro que algo está ocurriendo. Un último ejemplo, decimos al perro "buen chico", pero el tono de voz con que lo hacemos trasluce nuestra frustración con su conducta, posiblemente con nosotros mismos. Esto hace que lo que pretendía ser un reforzador quede contaminado.

Las conductas florecen cuando la comunicación es clara, no deja espacio para dudar y es fácilmente comprensible.

HERRAMIENTAS

El abanico de reforzadores y castigos disponibles es muy amplio. Con frecuencia dicho repertorio varía en función del individuo. Lo que resulta reforzante para una persona puede no serlo para otra. Esto mismo sucede con los perros. Además, lo que refuerza una conducta en una situación puede no reforzarla en otra situación distinta.

Habiendo examinado los distintos tipos de reforzadores, nuestro segundo paso consistirá en aprender a utilizar las herramientas para conseguir por medio de ellos los resultados que deseamos.

3 Las herramientas: Cómo usar los reforzadores

"Es más importante la forma de reforzar que la magnitud del reforzador."

B.F. Skinner, 1969

Me gusta mucho observar a las personas, sobre todo si son educadores caninos. La de observar es para mí una conducta instintiva y autorreforzante. Durante estas sesiones tengo oportunidad de ver algunas técnicas de entrenamiento excelentes en las que entran en juego múltiples reforzadores. A veces estas técnicas se han llegado a bautizar con un nombre para darse a conocer como un método de entrenamiento más o menos exitoso.

Antes de la aparición del clícker solíamos enseñar a los perros a caminar hacia atrás con la ayuda del juego de hacer presa y tirar de la cuerda. Mientras tira del mordedor, el perro se concentra en ganar terreno hacia atrás, por lo que basta que el entrenador ceda para que el perro camine en ese sentido. Después se procede a introducir una señal y se condiciona el acceso al juguete a la previa emisión de la conducta.

Esta metodología no funcionaba mal, pero a veces llevaba tiempo transferir el control de estímulo desde el juguete a la nueva señal verbal. Otra característica era que, a causa del juego, capturábamos un estado de activación muy alto junto con la conducta de caminar hacia atrás, por lo que el perro la ejecutaba a gran velocidad. Muchas de las técnicas de entrenamiento de esta época tenían su origen en personas muy observadoras y de gran talento que capturaban conductas que tenían lugar durante el juego (al que podríamos también llamar "interacción pedagógica").

Hoy en día prefiero recurrir al clícker en combinación con la comida para que sea el propio perro quien, de forma autodidacta, explore el movimiento hasta aprenderlo. Es un camino más largo, pero ralentizar el ritmo de aprendizaje permite al entrenador intervenir en caso de que la conducta se deteriore (p.ej., en el caso de la conducta consistente en caminar hacia atrás, es bastante normal que el perro no retroceda en línea recta). Es mejor extremar la precisión y la diligencia cuando se quieren enseñan comportamientos difíciles que requieren un alto grado de entendimiento. Partiendo de un estado emocional más neutro, se puede luego optar entre aumentar o disminuir el nivel de activación jugando con los distintos reforzadores. Así, al predecir un reforzador más atractivo el perro emitirá la conducta de forma más intensa. El impacto del primer aprendizaje se prolonga toda la vida del animal. Si es calmado, seguro, relajado y preciso siempre podrás volver a ese formato cuando la conducta varíe. En cambio, con el viejo sistema, consistente en utilizar el juego de presa para capturar la conducta, el estado alto de activación quedaba cristalizado junto con ella.

Por otra parte, con el método antiguo entraban en juego una variedad de reforzadores al tiempo que el aprendiz establecía varias asociaciones entre conductas que tenían lugar de forma simultánea. Esto hacía muy difícil el lograr un aprendizaje sin errores. Sin embargo, el aprendizaje sin errores es justo lo que necesitaríamos cuando utilizamos un reforzador tan poderoso como el juego de presa.

Este "juego" tiene sus raíces en conductas instintivas pertenecientes a la secuencia de caza, como matar a la presa o quitarle la piel. Además, este juego integra también los reforzadores consistentes en interaccionar contigo, el cuidador y figura de referencia que le dispensa todos los recursos, y de dejarle que te gane en el juego. Con un reforzador tan poderoso, cuando la conducta se desvía de la dirección que queremos darle, resulta muy difícil corregirla. Entre otros problemas, puede que el perro se incline hacia un lado, no utilice sus extremidades de forma simétrica, se desplace erráticamente, plante las patas sobre ti para hacer palanca, vocalice mientras retrocede y esto a su vez dé lugar a que ladre cuando no tenga el juguete en la boca, o pierda el control producto de un estado de sobreexcitación y no sea capaz de responder a las señales.

Son estas vicisitudes las que disminuyen la efectividad de un reforzador. No en vano he visto como algunos bocados deliciosos se tornan escasamente efectivos a la hora de trabajar una conducta. Incluso el atractivo de una interacción con juguete puede disminuir con cada nueva repetición, dando lugar a perros que tras el reforzador se muestran reacios a volver a emitir la conducta y eligen una conducta de desplazamiento.

¿Cuál es la razón? Existen varias explicaciones posibles y la realidad puede ajustarse a una o varias de ellas.

- Puede que el reforzador sea de un valor menor al esperado. Por ejemplo, supón que por lo general cuando el perro responde a la llamada le das un reforzador de gran calidad prestándole atención concentrada. Si hoy no llevas premios encima, estás preocupado por cualquier problema del trabajo, distraído o simplemente atas al perro cuando viene, se producirá este efecto de contraste negativo.
- Puede también que estés enseñándole una nueva conducta a través de moldeado libre y el perro pierda la concentración y se despiste.
- Otra posibilidad es que tus expectativas sean tan altas que, a pesar de que clickes y premies al perro por cada acierto, el esfuerzo que para el perro representa tener que averiguar qué es lo que quieres exactamente socave su deseo de probar. El círculo se cierra cuando de forma inevitable te sientes defraudado por esa pérdida de motivación y se lo transmites al perro a través del lenguaje corporal.
- Supón que el perro muestra escaso entusiasmo por ir a mantener una permanencia en la línea de salida de una competición. Se trata de un Spaniel, pero como reforzador has recurrido a lo que motivaba al labrador con quien aprendiste a competir; una violenta interacción con juguete sólo apropiada para perros mucho más corpulentos que tu Spaniel.
- Las prestaciones del perro en competición son malas porque se muestra apagado y con escaso interés. Cuando entrena el perro recibe una alta frecuencia de refuerzo por parte del guía. Sin embargo, cuando le lleva a competición éste no sólo

deja de premiarle con comida, sino que le castiga al mostrarse ausente y frío, como un zombi, en el ring de competición.

Aunque la lista no contiene todas las posibles explicaciones a los cambios de una conducta, sí ejemplifica cómo el uso o mal uso de los reforzadores afecta a los comportamientos. Puede que pienses que estás reforzando, pero recuerda que sólo la emisión de la conducta por parte del aprendiz lo corrobora. En otras palabras, lo que importa es el dato objetivo, no tus intenciones subjetivas.

Reflexiona acerca de las siguientes palabras de Skinner; no en balde son dos de mis citas favoritas:

1. **"Es más importante la forma de reforzar que la cantidad del reforzador dispensada."**
2. **"No se hereda la conducta, sino la sensibilidad al refuerzo."**

Lo que sugiero es que una conducta que ha sido construida o enseñada con refuerzo positivo de una manera cuidadosa y efectiva, no sólo será fuerte y proclive a mantenerse, sino que también será muy sensible al reforzador y a CUALQUIER CAMBIO DEL MISMO.

Recuerdo con tristeza que en los viejos tiempos los perros tenían que enfrentarse a un entrenamiento basado en castigos. El castigo servía para suprimir las conductas que se querían evitar, con la esperanza de que, a fuerza de ir eliminando conductas, quedara lo que el guía quería. El perro aprendía lo que no debía hacer si quería evitar el trato abusivo. Ahora bien, incluso en los casos en que quedaba la conducta buscada, ésta no se llevaba a cabo con alegría, placer y pasión. Por otra parte, en las situaciones en las que no se podía castigar –como cuando el perro estaba suelto o compitiendo–, emergía de forma inexorable alguna de las conductas suprimidas ya que el perro aún deseaba llevarlas a cabo.

Hoy en día, trabajando de acuerdo al principio del refuerzo positivo, la fiabilidad de la conducta depende de la efectividad del reforzador y del programa de refuerzo elegidos. Éste último está íntimamente ligado a la conducta y, por eso mismo, puede distorsionarla con facilidad. A continuación, con el fin de explicar el principio del refuerzo positivo y los elementos que contribuyen a su efectividad, empezaré a analizar algunas de las contingencias más simples.

EL PERRO SALTA PARA SALUDAR

Se trata de una conducta indeseada para la mayoría de la gente, al menos en algunos momentos. Personalmente nunca animaría a uno de mis perros a que me saludara así de forma espontánea, pero no me importa en absoluto entrenarlo como un comportamiento puesto bajo señal. Evito de esta manera que prueben a llevarla a cabo sobre los invitados.

Para explicar lo que es una contingencia apelamos al llamado ABC de la conducta, donde cada letra corresponde a una parte de la misma.

> **A**ntecedentes = lo que dispara la conducta. En la conducta de saltar puede ser externo, como el saludo verbal o gestual al perro por parte de una persona, o interno, como sería el deseo de atención. Consideramos señales a ambas categorías de antecedentes[10].
>
> "**B**ehaviour" = es decir, la conducta propiamente o lo que ocurre. En este caso la conducta se describiría del siguiente modo: el perro pone sus patas sobre una persona, ya sea sobre las piernas, sobre el torso o en los hombros.
>
> **C**onsecuentes (también denominados "postcedentes") = estímulos posteriores a la conducta que afectan a la frecuencia e intensidad de la misma para futuras ocasiones. Así, algo que el perro encuentra agradable reforzará el comportamiento incremen-

10 Estrictamente lo que solemos denominar "señal" es un estímulo discriminativo, es decir un antecedente que indica que una determinada contingencia está en vigor. Por ejemplo, la palabra "Sienta" indica al perro que si se sienta en este momento entrará en juego un intervalo de refuerzo determinado. El término "antecedente" es más general que el de "estimulo discriminativo" ya que abarca, además de los estímulos discriminativos, las "operaciones motivacionales" y los "eventos ambientales". En otras palabras, todo estímulo discriminativo es un antecedente, pero no todo antecedente constituye un estímulo discriminativo. Nota del traductor.

tando la probabilidad de que lo haga con más frecuencia o con más fuerza. Por el contrario, si el consecuente consiste en una estimulación punitiva, la conducta se debilitará o incluso desaparecerá por completo.

Volviendo a nuestro ejemplo de contingencia, los cachorros tienden a encaramarse de forma espontánea, sin necesidad de que una persona les enseñe. A partir de la cuarta semana de vida los cachorros obtienen un gran reforzador al encaramarse ya que la madre les amamanta estando de pie. Piensa que mucho tiempo, dentro del poco que pasan despiertos a esta edad, lo emplean en esta posición tan reforzante. Incluso sin que nunca se les haya prestado atención por encaramarse, si se les pone detrás de una valla, tenderán a poner las patitas en la valla. Encaramarse es una tendencia natural del cachorro cuando tiene que interactuar con cosas animadas o inanimadas de gran tamaño. Si, además, la conducta es reforzada con interacción, atención o comida, aumentará en frecuencia e intensidad a un ritmo alarmante. Basta con tres repeticiones para convertirla en una conducta profundamente enraizada y, en cambio, se necesitarán muchos meses de arduo trabajo de modificación de conducta para reconducir al perro a un comportamiento de saludo que no implique encaramarse.

Los cachorros de cinco semanas de edad son demasiado jóvenes para analizar por qué no se les presta atención, pero no es pronto para condicionar los reforzadores a que no se encaramen. Lo mejor es dispensar los reforzadores en un sitio en el que la única forma de acceder a ellos sea manteniendo las cuatro patas en el suelo. Con atención, caricias y comida podremos evitar que el perro salte.

El patrón o contingencia que deseamos establecer es el siguiente:

- Antecedente = la persona saluda diciendo "hola", establece contacto ocular o se inclina hacia el perro.
- Conducta = El perro mantiene el contacto con el suelo con las patas delanteras, incluso se sienta.
- Consecuente = La persona se inclina hacia el perro, le dedica atención, le elogia o puede que le dé un premio.

Dado que el comportamiento de contactar con las patas delanteras deriva de una conducta instintiva, el perro volverá a él por defecto cuando no obtenga suficiente refuerzo para la conducta alternativa que estamos tratando de asentar. Es decir, basta ignorar una sola vez al cachorro que se porta bien sentándose para saludar, para que recurra al contacto con las patas con el fin de llamar la atención.

En cambio, la contingencia que suele acontecer es la siguiente:

- Antecedente = Deseo de atención por parte del cachorro o curiosidad por lo que está pasando encima de él. Una persona que se inclina hacia el cachorro le activa o, alternativamente, una persona activada "arrastra" al perro hacia arriba con su excitación.

- Conducta = Contacto con las patas delanteras.

- Consecuente = Altos niveles de atención, sincronización con el alto nivel de activación que exhibe la persona e interacción con la misma.

Por supuesto, también podemos describir la contingencia desde la óptica del segundo sujeto involucrado, la persona.

- Antecedente = Cachorro con cara redonda y grandes ojos, gran deseo de tocarle y de rodearle de ternura.

- Conducta = Activación por parte de la persona, habla maternal, sonrisas, establecimiento de contacto con el cachorro a través de las manos.

- Consecuencia = Adoración por parte del cachorro, excitación, placer extremo. En algunos casos esta conducta se mantiene a consecuencia del refuerzo consistente en el contacto social y la aprobación que todos necesitamos.

Y así es como se cierra el círculo, si bien suele haber una tercera parte en discordia; los dueños del cachorro. ¿Qué ocurre con ellos? Suelen sentirse reforzados por la atención dedicada a su cachorro por lo que, en lugar de fijar un límite y pedir al tercero un poco de cordura, están encantados de que permita al cachorro patearle. Suelen confiar en el típico "no importa, me gusta" de la persona con la que está interactuando el perro. Sin embargo, espera a la próxima visita de la misma persona cuando venga vestida con su traje más elegante y el cachorro pese ya 30 Kg, y verás si le sigue sin importar.

Puede que la conducta de encaramarse no sea reprobable cuando se trata de un joven cachorro. Ahora bien, en más de una ocasión desearías que no lo hiciera; cuando llevas prendas que pueden estropearse con facilidad, en verano cuando nada protege tu piel de sus afiladas uñas o cuando la persona es vulnerable y el cachorro el típico trasto. Desde luego un perro grande que salta sobre la gente representa algo más que una molestia. ¿Por qué no hacemos lo necesario para prevenirlo entonces? Nos da pereza hacer el esfuerzo para mantener robusta una conducta alternativa a la instintiva de encaramarse. Esto obliga a agacharse, y puede que la espalda o las rodillas ya no estén para bromas, o puede que tengas prisa o no estés prestando atención, de modo que resulta más sencillo no preocuparse de lo que ocurra en esta ocasión en particular.

Ahora bien, recuerda lo que he explicado respecto a las conductas instintivas: basta con que el perro obtenga un reforzador en una de cada cien repeticiones para que siga intentándolo. Entra en juego un programa de refuerzo variable que se asemeja a los juegos de azar; el perro sigue intentando ganar, confiando en que obtendrá el reforzador con la próxima repetición de la conducta.

Por el contrario, el aprendizaje de la conducta no instintiva consistente en mantener el control necesario para no saltar requerirá cientos de reforzadores. Es más, nunca a lo largo de toda la vida del perro, podremos prescindir del reforzador ya que, de hacerlo, el perro volverá a la conducta por defecto, la respaldada por el instinto, respecto a la cual siempre mantendrá un deseo.

Con mis Gordon tomé una decisión ligeramente distinta. Son perros que se activan mucho en el momento de saludar por lo que les permití saltar con la condición de que nunca toquen a la persona. La razón por la que llegué a este compromiso es porque me gusta verles felices y no tengo debilidad por esta raza precisamente porque me guste el reto de hacerles mantener las cuatro patas en el suelo en todo momento.

En resumen, he analizado por qué una conducta molesta se mantiene gracias a un círculo vicioso de refuerzo. Hace falta diligencia y atención para prevenir que la conducta se recree una y otra vez. En serio, ¿quién no dispone de los escasos sesenta segundos necesarios para dedicárselos al perro como reforzador por llevar a cabo una conducta alternativa? Por supuesto, es necesario instruir a los invitados para que sepan cómo interaccionar con un cachorro. No te olvides de reforzarles por su buen juicio y previsión dejándoles que, como parte de la contingencia, mimen al cachorro.

Otra posibilidad es enseñar al perro una conducta de exhibición ante los invitados. Esta opción también resulta reforzante para ellos, sobre todo si les ofreces la posibilidad de entregar el premio al perro. Se necesita algo de práctica en la aplicación de refuerzos para salir airoso de esta prueba: lo primero que necesitas desarrollar son tus habilidades de observación para ser capaz de emparejar con precisión los comportamientos y los correspondientes reforzadores. Qué reforzador utilizar, cómo dispensarlo, en qué cantidad, con qué frecuencia y dónde son todas variables que afectan a la conducta. Enseñarte a tomar estas decisiones es mi siguiente misión.

Dónde entregar el reforzador

Al igual que un castigo puede asociarse con un lugar determinado, lo mismo puede ocurrir con los reforzadores. Tessie provenía de una familia que no tenía ningún otro perro, por lo que carecía de habilidades sociales a la hora de la comida. Suelo alimentar a mis perros con una dieta cruda de huesos. En cambio, ella había comido pienso durante cuatro años y, claro, la nueva comida requería mayor esfuerzo. El ejemplo de mis otros perros motivó a Tessie para aprender a comer el nuevo menú en lugar de jugar con los huesos. Sin embargo, transcurridos dos meses, había adquirido tanta motivación por la nueva dieta que robaba la comida a los Collies. Para evitarlo, procedí a aislarla detrás de una valla. Así, cuando Tessie reconoce el patrón de señales que preceden la comida, va inmediatamente a su sitio. Sabe que éste es el lugar de entrega del reforzador: la cena. En cambio, cuando me ve cogiendo una correa o poniéndome las botas, se dirige a la puerta principal que de nuevo es el lugar de entrega del reforzador: ir a dar una vuelta. Mi ilustre colega Mary Ray tiene una colección de perros y todos acuden a la puerta principal cuando la oyen utilizar la laca para el pelo, algo muy indicativo de sus hábitos antes de salir de casa.

Ten en cuenta que el patrón consistente en entregar el reforzador siempre en el mismo lugar puede ir a favor o en contra de los objetivos que te has marcado. A lo largo del capítulo te sugeriré algunos ejercicios que puedes probar. Sugiero que entrenes cada uno de ellos por separado con varios reforzadores diferentes y que observes cómo éstos afectan a la conducta. De este modo aprenderás a utilizar de forma efectiva las herramientas que te proporciono.

Ejercicio 1. ¡A comer!

Si no lo haces ya, durante una semana, asegúrate de seguir exactamente el mismo ritual para preparar la comida del perro. Dale muchas señales verbales conversando con él. Préstale atención y trata de involucrarlo en el proceso. Cuando la tengas lista, coloca la fuente en un lugar distinto al acostumbrado. Incluso con una tasa de una sola vez al día, podrás observar cómo, al finalizar la semana, el perro empieza a anticipar el lugar en el que depositarás el comedero dirigiéndose hacia el mismo. A su vez esta conducta de anticipación se refuerza cada vez que la predicción se cumple.

Ejercicio 2. El momento del paseo

Si ya tienes un ritual para salir a dar un paseo, estudia la posibilidad de cambiar el lugar de salida a la calle. Si esto no es posible, puedes pedir al perro que haga una permanencia al final de la escalera antes de colocarle la correa. La correa funciona como un clícker; es una promesa respecto al acceso al reforzador primario que es la caza (las actividades relacionadas con el paseo están ligadas a la caza: salir, explorar olores de presas potenciales, rastrear, correr, jugar, cazar). Dramatiza la rutina de preparación y, acto seguido, desplázate y pon la correa en el nuevo lugar elegido. Espera tranquilamente a que el perro se acerque. Dale la señal para que se siente o pídele una permanencia controlada antes de colocarle la correa. Ya puedes salir. Esta técnica te permitirá controlar la salida. Ten en cuenta que cuanto más cercanos estén entre sí los momentos de colocar la correa y de salir por la puerta, más se excitará el perro y más difícil será manejar la salida.

Ejercicio 3. Rutinas para recibir visitas

Necesitarás uno o dos ayudantes para este ejercicio. Empieza a moldear la conducta acompañando al perro a una estación, es decir, un plato de comida en el que le darás un premio. A continuación, o de forma simultánea, pon la conducta de ir a la estación bajo una señal consistente en hacer sonar el timbre de la puerta por parte de un ayudante. La estación estará situada siempre en el mismo lugar, preferiblemente alejado del lugar por el que acceden las visitas, la cocina por ejemplo. A continuación instruye a tu ayudante para que permanezca un cuarto de hora en la puerta de la casa haciendo sonar el timbre a intervalos. Cada vez que suene el timbre, te diriges a la estación, haces sonar la caja de los premios y le das varios durante un periodo de un minuto dejando un intervalo de 5 o 10 segundos entre un premio y el siguiente. Para que el perro mantenga el interés debes procurarle atención concentrada. Transcurrido ese minuto, vuelve a lo que estabas haciendo o planifica varias actividades ordinarias que puedas realizar hasta la próxima vez que tu amigo haga sonar el timbre. Puedes acordar la frecuencia entre los sucesivos estímulos que genera el ayudante, instruyéndole por ejemplo para que llame cada cinco minutos. Ten en cuenta que tendrás que sustituir la acción de sonar el timbre por la producción de cualquier otro estímulo predictivo de la entrada de visitantes (ej., el chirrido de la puerta del jardín). A medida que el perro aprenda a reconocer las señales que predicen la obtención de un reforzador en la estación, se desplazará hasta allí.

La conducta de desplazarse a la estación cada vez que oiga el timbre o un estímulo equivalente quedará reforzada al tratarse de una predicción exitosa. Ahora bien, ten en cuenta que estás tratando de darle la vuelta a una conducta instintiva: es normal que el perro te acompañe a la entrada a recibir a los visitantes ya que tu atención en esos momentos está focalizada en la puerta. Ya sea para repeler una amenaza potencial o por imitación de tu estado de activación, responder al timbre de la puerta es una conducta instintiva en el perro. Desviar la atención del perro de la entrada hacia la estación va contra la conducta instintiva y requerirá, por tanto, de un intervalo de refuerzo continuo. Aunque creas que el perro ya ha aprendido la conducta de ir a la estación, si dejas de reforzarle por ir allí, la conducta declinará rápidamente hasta extinguirse. En conclusión, se trata de una conducta alternativa que deberás premiar de por vida.

Ejercicio 4. Enséñale a sentarse en junto

Por lo general se suele enseñar a los cachorros a que se sienten frente a nosotros. Es más sencillo hacerlo en esta posición ya que puedes ver al perro con facilidad, él puede ver tu cara y la comida, utilizada a modo de señuelo, favorece el desplazamiento del centro de gravedad del perro para que se siente. La conducta queda bien fijada practicando este ejercicio una y otra vez utilizando como reforzadores premios, el bol de comida o atención concentrada.

Sin embargo, lo que queremos ahora es progresar con nuestro perro para que aprenda a sentarse a nuestro lado, en posición de "Junto". Puede que pienses que tu perro ya sabe sentarse, pero probablemente sólo sepa hacerlo frente a ti. Por el contrario, no hay historial de refuerzo respecto a la conducta de sentarse en Junto. Es lógico que cuando el perro escuche la señal "Sienta", se desplace hasta situarse frente a ti antes de sentarse. En caso de mantener la correa tensa para evitar el desplazamiento, lo más probable es que el perro no responda de ninguna manera.

En lugar de echarle la culpa al perro, analiza el patrón de refuerzo que has empleado. Para cambiarlo, empieza por dar la señal "sienta" al perro. Una vez que lo haya hecho, procede a moverte hasta colocarte a su lado antes de premiarle. De esta forma, cambiando el lugar donde dispensas el reforzador, estarás explicando a tu perro que la conducta de sentarse bajo señal le da acceso a los premios en otras posiciones distintas.

Una vez que hayas establecido esto de forma clara, el perro responderá a la señal también cuando esté junto a ti. ¿Cómo sabrás cuando lo ha entendido? Observa su respuesta: Si muestra incertidumbre y excesivas dudas, significa que aún hay un desequilibrio respecto a la localización en el historial de reforzamiento. En tal caso, sigue premiando al perro por estar a tu lado y deja por completo de premiarle cuando esté frente a ti. Continúa así hasta que responda bien desde posición de Junto.

Ejercicio 5. Enséñale a tumbarse a distancia

De forma análoga a la conducta de sentarse frente al guía, el historial de refuerzo para conductas como tumbarse o soltar suele estar desequilibrado a favor de posiciones cercanas al guía. Esto explica por qué, cuando le das la señal fuera de la localización habitual, muestra confusión o se desplaza hasta ocupar el sitio tradicional. El primer paso es reforzar al perro por mantenerse a distancia. Para ello, utiliza premios grandes y fácilmente visibles. Entrégaselos lanzándolos por encima de su cabeza antes de que el perro vuelva a ti. Repite hasta que, ejecutando el mismo movimiento de la mano que utilizas para lanzar el premio, el perro mantenga la posición. Lo hace porque anticipa que el lugar de obtención del reforzador está distante. Una vez que esto ocurra, prueba a darle la señal para tumbarse a distancia.

Estos ejercicios son un buen momento para evaluar el poder de los distintos reforzadores. Cuando más apetecible es un reforzador para el perro, antes aprenderá los antecendentes que conducen a su obtención. Existen varios métodos para jerarquizar los distintos reforzadores y éste es uno.

Cuando practico Freestyle enseño a mis perros a que retrocedan alejándose de mí. Para moldear la conducta, utilizo una marca o *target mat*. Con el clícker marco el momento de llegada a la marca y reseteo al perro premiándole en la posición de inicio que es justo en frente de mí. Aunque el perro ejecute bien el movimiento, si se detiene antes de pisar la marca, no le premio. En tal caso, simplemente vuelven a la posición de inicio para probar otra vez.

Caroline, una de nuestras entrenadoras, tiene un enorme talento y ha decidido enseñar esta conducta a Elsa, su galga, de una forma ligeramente distinta. Moldeó la conducta de retroceder de una forma impecable, pero decidió premiarla en la marca, es decir, por el resultado en lugar de por la acción. De esta forma, el clíck detiene a Elsa antes de que Caroline la premie, ya sea acercándose hasta ella o lanzándoselo. Haciéndolo de esta forma, cuando Elsa no obtiene un click no vuelve a la posición de inicio de forma espontánea.

Ninguno de estos dos métodos es acertado o erróneo. Con este ejemplo pretendo ilustrar cómo, tu elección acerca del lugar para entregar el reforzador, incide sobre la conducta posterior del perro en el caso de que no tenga éxito. El perro muestra atracción por el lugar favorecido por el historial de refuerzo. En otras palabras, aunque el click comunica de una forma clara qué conducta le hace ganar al reforzador, es el reforzador y no el click el que moldea la conducta.

El reforzador no sólo incide sobre la conducta. La conducta es un continuo y el reforzador incide sobre un patrón que comprende elementos y variables como la preparación, el desplazamiento, la localización, el marcador empleado o el grado en que el aprendiz se siente emocionalmente involucrado. Por consiguiente debemos considerar todos estos elementos.

Cuando el entrenador entrega el reforzador siempre en el mismo lugar en que ha hecho sonar el clícker se observa cómo el perro utiliza esa información como parte del aprendizaje. De hecho, cabe cuestionarse si es necesario utilizar el clícker si siempre se solapan espacialmente el reforzador primario y el secundario. El clícker garantiza precisión a la hora de marcar la conducta ya que no requiere movimiento alguno del entrenador visible por parte del perro y tiene una duración mínima. A pesar de estas ventajas, no parece que el perro aprenda del reforzador condicionado sino de la mera entrega del reforzador incondicional cuando ambos están muy próximos espacialmente.

Por ejemplo, decimos "Sienta" al perro, éste se sienta, clickamos y le entregamos el premio mientras se encuentra en dicha posición, es decir, reforzando por el resultado en lugar de por la acción. Entrenando de esta forma, promovemos que el perro mantenga la posición una vez que hacemos sonar el clícker ya que aguardará la entrega del premio. Se trata de una técnica muy útil para trabajar permanencias y en general las conductas de duración definidas por un resultado. Por ejemplo, es útil para trabajar el contacto con un target mantenido en el tiempo. Sin embargo, se trata de una técnica inadecuada para entrenar conductas definidas por una acción y no sólo por el resultado. Cuando la forma de llegar a una posición es importante no podemos marcar sólo el punto final ya que se generaría una heterogeneidad conductual hasta llegar a ese punto. Además, será necesario introducir una conducta adicional para resetear al perro hasta una posición que permita iniciar otra vez el ejercicio. Por todo ello, esta forma de trabajar hace que desde fuera el entrenador dé una pobre impresión.

El negativo de la estrategia descrita consistiría en clickar al perro cuando se sienta, pero variar el lugar de entrega del premio: lanzándolo a veces o premiándole en la mano, pero promoviendo que se vuelva a poner de pie. Cuando la entrega se hace siempre en el mismo lugar este aspecto quedará ligado a la conducta. Para evitarlo podemos, por ejemplo, clickar al perro por sentarse en Junto, pero premiarle en el momento que reiniciamos la marcha. Variando el lugar de entrega, el aprendiz prestará mayor atención al click y en lugar de asociar el reforzador con una localización específica, lo hará con una conducta definida de forma más amplia.

Guardo la comida de forma indistinta en diversos sitios; en cualquiera de mis dos manos, encima de la mesa, en cualquier bolsillo o en una bolsa para premios. La entrego también en diversas localizaciones. Con estas estrategias promuevo la mayor generalización posible respecto al lugar inicial y de entrega del reforzador.

Reflexiona acerca del lugar en el que reforzarás a tu perro. Ten en cuenta que el objetivo es que dicha elección complemente el aprendizaje de la conducta por parte del perro ayudándole a la comprensión de la misma.

En conclusión, si quieres que una conducta tenga lugar en una localización específica (la acera, cerca de la puerta, el ring, cerca de otros perros), es crucial que empieces por establecer un robusto historial de refuerzo en ese sitio. Para ello, antes de empezar a pedirle conductas, prémiale con una tasa alta en ese lugar. Es un problema muy común para muchos entrenadores: tienen conductas terminadas con un nivel de calidad muy bueno en localizaciones específicas como el interior de la casa, el jardín o el club en el que entrenan pero, cuando piden al perro la conducta en otro lugar, los resultados son mucho peores. Cuando queremos que un perro nos dé buenas prestaciones en una variedad de ambientes, es fundamental que dichos ambientes tengan un fuerte historial de refuerzo. No te olvides de practicar en medio de la calle, en el parque o el terreno adyacente al ring de competición si piensas que necesitarás conductas de alta calidad en dichos ambientes.

Dónde almacenar los reforzadores antes de la entrega

De la buena elección de la despensa depende el éxito de la conducta. Un perro con un buen historial de refuerzo, ya se trate de premios o de interacción lúdica con juguete, aprende en qué lugar guardas los reforzadores que le vas a ofrecer. Por ejemplo, acostumbro a enseñar a mis Collies a "desplomarse"[11]. Para que el perro mantenga tensión en la

11 Aunque la posición final del cuerpo se asemeja, se trata de una conducta radicalmente distinta a tumbarse relajadamente a mis pies. Al desplomarse, el perro se mueve a gran velocidad hasta alcanzar la posición y permanece con cierta tensión. Dada esta diferencia, utilizo una señal distinta para cada una de las conductas.

conducta de desplomarse, cuando la moldeo, utilizo una cuerda o un juguete apto para hacer presa y tirar. En cambio, cuando moldeo el tumbado, lo hago con otros reforzadores: comida, elogios o caricias en la barriga.

La cuestión es que, si en el momento de dar la señal, estuviera de pie y tuviera la cuerda a la altura de la cintura, mi perro tendría que alejarse del juguete para llevar a cabo la conducta y tener acceso al reforzador. Aunque para un perro que ya conoce bien la conducta puede constituir un excelente ejercicio de autocontrol, este criterio puede ser muy duro de alcanzar cuando aún está aprendiendo la conducta. Por eso, en la fase de aprendizaje, lo que hago es sentarme en el suelo y jugar con la cuerda con mis manos a ras de suelo promoviendo de esta forma que el perro baje para tirar con más fuerza. Capturo este movimiento del perro con el clícker y a continuación le premio con más interacción o incluso dejándole ganar. El juego de estirar es particularmente apropiado para el aprendizaje de la conducta de desplomarse porque favorece que el perro sitúe su centro de gravedad abajo y hacia atrás.

Una vez que logro control de estímulo con el juguete sobre la conducta, incorporo una señal verbal que siempre doy antes de que haga presa en la cuerda. De esta forma, doy la nueva señal al tiempo que exhibo la cuerda, clicko la conducta y a continuación utilizo el juguete como reforzador. A medida que abandono el suelo y ofrezco el juego estando de pie, puede ocurrir que la señal para la conducta de desplomarse pierda fiabilidad. La razón es que la posición del juguete forma aún parte de la señal para la conducta en cuestión y al alzarme puede actuar como un señuelo que atrae al perro hacia arriba dificultando así la conducta. Para superar esta dificultad la solución estriba en variar la posición inicial de la cuerda y la altura a la que juegas con el perro poco a poco, y en premiar sólo conductas que se ajusten al criterio. Si observas un descenso en la calidad, es probable que hayas variado alguna de las localizaciones de forma demasiado brusca.

Solemos entrenar con los premios cerca. Estoy convencida de que todos los perros adiestrados con premios toman nota de la localización de esta despensa tras haberte visto prepararla. Ten en cuenta que para muchos perros dicha localización y garantizar su seguridad puede distraerles del aprendizaje al dividir su atención. Por ejemplo, para algunos perros "sus premios" constituyen un importante recurso que pueden robarle otros perros. Lo mismo puede suceder con el juguete favorito. Siempre que sea posible varía la localización de la despensa. Si el perro tiende a la guarda de recursos, almacena los premios y los juguetes en tus bolsillos. Una vez que comprendas el modo en que los reforzadores afectan las conductas planteadas como ejemplos, observarás que el perro –al igual que los humanos– difícilmente puede resistirse a ellos.

Buen *timing* o precisión temporal de la entrega

La capacidad de observar, la coordinación ojo – mano y el análisis de la conducta son valiosas habilidades que irás desarrollando a medida que practiques el entrenamiento con clícker. Es importante que entiendas la conducta exacta que quieres clickar, qué estímulos son susceptibles de fomentarla y que seas también capaz de anticiparte para marcarla con precisión. Ten también en cuenta que, al enseñar a tu perro con clícker, trabajarás en pequeños segmentos, es decir, moldeando micro-conductas.

Con frecuencia reforzamos conductas no queridas. Un aspecto que contribuye de forma notable a este proceso es el timing del reforzador, es decir, el momento en que se ofrece la recompensa. ¿Cómo podemos asegurarnos de que el perro ha asociado la conducta con el reforzador?

Por ejemplo, una persona se dirige hacia un cachorro y éste se sienta. Sin embargo, en lugar de saludar al cachorro, la persona se entretiene por espacio de cuatro segundos hablando con el guía antes de prestarle atención concentrada. ¿Qué efectos tendrá la aplicación demorada del reforzador? En este caso la pregunta es delicada de responder. Cada perro tiene un nivel de memoria. No hay una regla general, por lo que sólo podemos discernir los efectos del intervalo juzgando a partir de las repeticiones de la conducta ofrecidas por el perro.

Personalmente he tenido perros en ambos extremos. Kent es un macho de Gordon encantador, pero se toma la vida con calma: se sienta, reflexiona acerca de ello y sólo entonces busca las consecuencias de la primera conducta. Cuado era cachorro solía sentarse y esperar diez segundos antes de pensar siquiera en llevar a cabo otra conducta. En el otro extremo, Flink, una Border Collie rápida, fácil de motivar y con tendencia a distraerse, sólo mantiene la posición de sentada unas décimas de segundo antes de pasar a otra cosa. Con Kent puedes llamar su atención, pedirle una llamada a distancia y premiarle. Aunque medie un intervalo respetable, no tiene problemas en entenderlo. En cambio, si pidiera a Flink que se sentara y se me ocurriera respirar profundamente antes de inclinarme para premiarla, encontraría que la perra habría desplazado su foco de atención ya hacia alguna conducta más divertida como lamerme la cara.

De la misma forma que el intervalo de tiempo límite para asociar una conducta y un reforzador varía de un perro a otro, también lo hace de una conducta a otra. A Kent le gusta sentarse relajadamente y ver lo que pasa. Para Kent la conducta de sentarse es relajada. En cambio, Flink es una perra de acción y no piensa que sentarse sea una conducta apropiada para un perro pastor. Esta distinción está relacionada con la dicotomía entre conductas preferentes y no preferentes para un individuo determinado. Como ya he explicado, cuando dejamos al perro elegir entre distintas conductas, le otorgamos acceso a un reforzador adicional que consiste en emitir la conducta que prefiere. La conclusión es que, cuando se trate de comportamientos que el perro no prefiere, el reforzador debe estar mucho más próximo para ser efectivo. En cambio, cuando se trata de conductas preferentes, el perro exhibirá mucha más flexibilidad temporal a la hora de relacionarlas con los consecuentes.

Ejemplo: Saludar con la pata

Una de las primeras conductas que enseñé a Mabel cuando apenas era una cachorra de tres meses fue ésta. Optó por utilizar la pata derecha, tal vez porque se lo enseñe estando sentada y, al ser yo zurda, tiendo a dar las señales con esa mano. Puede también que Mabel adquiriera esta preferencia de forma accidental, porque lo hizo así en la primera repetición, o puede que simplemente fuera diestra. El caso es que, incluso una década más tarde y habiendo puesto el saludo con ambas patas bajo sus respectivas señales verbales, gestuales y consistentes en objetos (targets), el aprendizaje de una conducta con la pata izquierda admitía menor demora entre el comportamiento y el reforzador. El historial de refuerzo de la pata derecha era más robusto, no sólo en virtud del número de premios recibidos, sino del hecho de que se trataba de su pata dominante y del primer aprendizaje; una experiencia profundamente emotiva en la que empezó a preguntarse qué podía hacer para que yo clickara.

Ejercicio

Para ejercitar tus habilidades de observación respecto a la tolerancia a cambios en el timing, debes empezar por escoger una conducta que se bifurque en otras dos. Por ejemplo, una vez que se haya sentado, puedes pedir al perro que se ponga de pie o que se tumbe. Un segundo ejemplo, cuando el perro está de pie frente a ti, puedes pedirle que gire en sentido horario o antihorario. Empieza marcando ambas conductas siempre que las emita de forma correcta. Después aumenta de forma paulatina el tiempo hasta la entrega del reforzador y observa si esto deteriora una de las conductas antes que la otra.

Postergar la entrega del reforzador no es un buen consejo a la hora de entrenar, pero resulta útil para evaluar las preferencias del perro. Por otra parte, los premios retardados en los que, tras la conducta del perro, inicias una secuencia de movimientos que siempre termina con el reforzador, son una gran estrategia que te animo a utilizar con frecuencia.

Marca la conducta y, a continuación, muestra tu sorpresa ante el perro y lo impresionado que estás por su conducta. A continuación, échate la mano al bolsillo, charla con el perro, manipula los premios dentro del contenedor y tómate el tiempo necesario para seleccionar un premio determinado. Si mantienes tu atención sobre el perro, puedes tardar hasta medio minuto. La explicación es que el perro sabe tus intenciones y disfruta con la atención que le dispensas en el proceso. Al conducir toda la cadena al premio, toda ella actúa como reforzador.

En el otro extremo, si clickas una conducta, pero a continuación te quedas inmóvil y no estableces contacto ocular, el perro se sentirá confuso.

Aunque este error no suele cometerse a propósito, lo veo con demasiada frecuencia cuando el entrenador ha clickado y se distrae de la entrega del premio por algún motivo. Este castigo resulta demoledor cuando se está moldeando una nueva conducta.

Cuando quieras reforzar una conducta pero no dispongas de premios, recuerda que puedes iniciar la secuencia que conduce a premiarle o tal vez tomar prestado lo que te hace falta. Por lo tanto, es una buena estrategia también para la competición donde el reglamento limita el uso de reforzadores.

Velocidad y ritmo

Pese a su sutileza, se trata de un importante reforzador que puede aportar componentes de imitación, manejo y activación al círculo conductual. Para potenciar estos efectos reforzantes, tengo por costumbre sentarme en una silla para practicar el moldeado libre con mis perros. Esta posición no sólo me permite observar con más claridad, sino que actúa a modo de señal ambiental para el perro, en el sentido de habilitarle para probar conductas con plena libertad. Siempre he pensado que la ausencia de información –es decir, no clickar– da al perro una información ambigua en el mejor de los casos. ¿Qué debe de hacer el aprendiz: probar una conducta diferente, probar la misma conducta con mayor intensidad o esperar una señal?

Una vez que se pone una conducta bajo control de estímulos, el aprendiz no debería de emitirla si no se le ha dado la señal de forma previa. Es cierto que un perro que ha aprendido a sentarse bajo señal seguirá sentándose motu propio muchas veces a lo largo del día. Sin embargo, en sesiones de entrenamiento no lo hará si la conducta está bien puesta bajo control de estímulos. La razón es que no quiero que mi perro se anticipe a la señal, que dé vueltas cuando le doy la señal para que retroceda o que haga una reverencia cuando le pido que salte. En cambio, cuando practicamos moldeado libre queremos que el perro experimente con libertad. Muchas veces probará conductas que ya están puestas bajo señal. Es normal porque dichas conductas ya contaban con un largo historial de refuerzo antes de ponerlas bajo señal. Resumiendo, sentándome en la silla introduzco una señal ambiental que ayuda al perro a discriminar cuando puede experimentar libremente con estas conductas previamente aprendidas. Indico así al perro una exención temporal respecto al control de estímulos.

Trabajaba una vez con Speck de acuerdo a este protocolo que he explicado cuando ocurrió lo siguiente. Primero, probó a enseñarse a sí mismo el tumbado, pero sin obtener por ello el deseado click. Acto seguido lo intento caminando hacia atrás, pero también sin suerte. Su siguiente intento consistió en fundir ambas conductas: retroceder en posición de tumbado. Me hizo tanta gracia que lo trabajamos hasta convertirlo en una habilidad de su propio sello. Nunca hubiera pensado en pedirle esta conducta, pero fue el perro quien me lo sugirió.

Responder a señales es algo ajeno a la práctica del moldeado libre. Cuando se practica moldeado libre, el perro ha de poder elegir y resolver el enigma por sí solo. Es por esto que me siento, para acallar mi lenguaje corporal, y trato de imitar la atmósfera propuesta por cada perro en particular. Kent es un Gordon cuyo planeta gira parsimoniosamente. Si trabajara con él con la velocidad y el ritmo que lo hago con los Collies, se pondría nervioso y perdería confianza en sí mismo. Kent prueba una conducta, luego escucha si ha obtenido un click y sólo después busca la comida. Esta secuencia puede llevarle entre tres y cinco segundos. Tengo mucho cuidado de respetarla: nunca le lanzo un premio si antes no me mira y puede saber dónde se dirige el lanzamiento. Aprendió con el clícker desde cachorro, pero debido a su temperamento la "ruta neural"[12] entre click y comida necesita refrescarse en cada repetición. Si me obstinara en entregar los premios con rapidez o en proponerle trabajar de una forma más activa, sólo lograría distraerle y que perdiera la concentración.

En el otro extremo tengo estudiantes que tienen perros muy rápidos. Probablemente la velocidad de algunos ejemplares excede la velocidad mental de sus dueños. No lo digo de forma ofensiva para el guía ni mucho menos; algunos perros viven en planetas que giran a una velocidad de vértigo y deben vernos como criaturas que se mueven a cámara lenta. Muchas veces, para sincronizarse con el perro, el entrenador prueba a

12 "Brain path" en el original. Nota del traductor.

incrementar su propio ritmo. Es una mala estrategia ya que idealmente el ritmo y velocidad deben igualarse a la baja, es decir, respetando los parámetros del miembro más limitado del tándem.

Si tienes una velocidad de cálculo determinada, no es una buena idea hacer cuentas a una velocidad mayor. Puede que si practicas muchas horas tu velocidad aumente de forma natural, pero ten en cuenta que si obligas a tu cerebro a computar ecuaciones a una velocidad alta lo más normal es que te equivoques. En cambio, podemos enseñar a cualquier perro a que aprenda a ralentizarse para sincronizarse con personas aquejadas del "síndrome del caracol". No sólo es posible, sino que constituye una práctica esencial, dado que normalmente la conducta se produce de una forma tan rápida que resulta imposible anticiparse para capturarla con el clícker. A medida que tu perro aprende a ralentizarse, observarás cómo te echa un vistazo para comprobar que estás mirándole y, acto seguido, mueve la pata a cámara lenta para tocar el objeto. La explicación es sencilla: los perros más brillantes aprenden a dar la señal a la persona-caracol para que ésta clicke.

Por otra parte, es importante acomodar el ritmo de entrenamiento con el de la conducta que estamos trabajando. Si enseñamos una conducta relajada, entregaremos los premios con calma. En cambio, si se trata de una conducta con mucha energía, haremos la entrega de una forma que fomente este dinamismo: lanzando el premio al aire, deslizándolo por el suelo para que el perro corra a por él o haciéndolo rebotar en las paredes para que sea más divertido. Impregnando la comida de acción apelamos a conductas de caza que también le resultan reforzantes al aprendiz. Además, a diferencia de lo que ocurre cuando premiamos con un juguete, la combinación híbrida de comida y acción evita agotar al perro demasiado.

Sentarse es un buen ejemplo de una conducta con dos fases bien definidas. La primera, hasta alcanzar la posición, es una conducta rápida y explosiva, mientras que el posterior mantenimiento de la postura es más controlado. Cuando enseñamos a un perro el primer tramo de la conducta (la acción de sentarse) y necesitamos practicar de forma repetitiva, resulta ideal promover el dinamismo con la entrega de la comida. Por el contrario, si estamos trabajando la permanencia en sentado o en tumbado, entregaremos el premio con calma.

Lo opuesto ocurre cuando trabajamos la llamada en pista (llamada desde posición de sentado o tumbado). En tal caso lanzamos el premio para promocionar que el perro se incorpore con velocidad. Respetando estos patrones de trabajo, lograremos influenciar el nivel de activación del perro y acomodarlo a cada una de las conductas. De esta forma, cuando el perro se siente para llevar a cabo una permanencia, las articulaciones estarán relajadas. Habrá tensión, en cambio, cuando se siente para la llamada en pista, en la línea de salida de una competición o mientras llevamos a cabo el junto. Si lo haces al revés, acabarás con un perro inquieto cuando hace la permanencia o que se incorpora con lentitud cuando le pides otra conducta.

Refuerzo de conductas específicas para inducir anticipación

De la misma forma que el lugar de entrega del reforzador influye sobre la conducta, también es importante el comportamiento del perro en el momento de reforzar. Por ejemplo, para las conductas de duración el reforzador debe ser dispensado sin desplazamiento. De esta forma, aunque el perro empiece a estresarse, el historial de refuerzo de la conducta contribuye al mantenimiento de la conducta.

Solía competir en Obediencia con un perro extremadamente sensible que experimentaba ansiedad cuando otros guías castigaban a sus respectivos perros. Esta ansiedad emergía sobre todo en el ejercicio de permanencia. Para relajarle cuando volvía a su posición, me arrodillaba y le animaba a revolcarse sobre su espalda rascándole la barriga a modo de premio durante quince o veinte segundos. Siempre tenía mucho cuidado para protegerle frente a la distracción que suponía la liberación de otros perros de la permanencia. Para ello le invitaba a no abandonar la posición hasta que el resto de guías dejaran el ring. Cuando emergía su ansiedad, podía ver cómo empezaba a anticipar el placentero rascado de barriga –lo cual creo que le confortaba emocionalmente– o trataba de indicarme que volviera a su lado lo antes posible.

Cuando el perro anticipa que, al completar la tarea, tendrá lugar una conducta altamente excitante y divertida, el nivel de activación de este segundo comportamiento influirá sobre el ejercicio de duración que se ha de completar de forma previa. Ambas conductas quedan encadenadas y al emparejarse con frecuencia influyen la una sobre la otra. Suelo trabajar cadenas de dos conductas disponiendo, de forma deliberada, el reforzador con la segunda para que "tire" de la primera. Así, por ejemplo, cuando pido a un perro que gire describiendo un círculo (spin) quiero que vuelva a la posición inicial de pie y parado, ya sea de pie frente a mí o a mi lado en Junto. Enseño ambas conductas con ayuda de un target stick, pero hago que el perro relacione la segunda con el reforzador. De esta forma, cuando le pida el giro, el perro tenderá de forma natural a terminar en la segunda conducta. No tengas miedo de utilizar un señuelo para que el perro emita la segunda conducta de esta minicadena una vez que le hayas clickado por emitir la primera. Si, por ejemplo, estoy enseñando a un cachorro a pasar de estar de pie a desplomado, le marcaré con el clícker que ha completado con éxito esta conducta. Sin embargo, utilizo el señuelo para que se vuelva a poner de pie. De esta forma evito que la cadera se asiente en la posición de desplomado y ayudo, en cambio, a que el perro esté preparado para la posterior acción de volverse a levantar.

De forma análoga, cuando enseño a un perro a caminar con la correa floja, entrego los reforzadores en el lugar que quiero que ocupe. Puede que la correa esté floja, aunque el perro se encuentre metro y medio por delante de mí. Sin embargo, ésa no es la posición que quiero que mantenga.

En resumen, una de las grandes ventajas del clícker es que nos permite separar la conducta que premiamos del lugar de entrega del reforzador o la conducta que el perro emite en el momento de entrega. Por ejemplo, sacar la cabeza de una madriguera de conejo, es una conducta que le hace ganar un click. En cambio, volver a mi lado para jugar a estirar de la cuerda, es el lugar de entrega de un reforzador que consiste en una conducta.

He visto cómo algunos perros que compiten en Agility son incapaces de mantener la inercia del movimiento de avance o equilibrio en los cambios de dirección cuando obtienen los reforzadores siempre cerca del guía. Cuando la entrega se hace siempre de esta forma el marcador que indica al perro que ha ganado un premio –ya sea un click o un grito por parte del guía– desviará al perro hacia éste. Este efecto puede resultar ventajoso cuando se trabaja con un perro que tiende a alejarse, pero puede llevar a situaciones límite en las que el guía tiene que hacer filigranas para evitar chocar con el perro.

La anticipación de una conducta específica en una determinada localización puede contribuir a enseñar los siguientes extremos:

▸ EL DESEO DE VOLVER CON EL OBJETO TRAS COBRARLO

El primer paso es condicionar un juguete como llave de acceso a un divertidísimo juego de presa. Para lograrlo, durante varias semanas reserva el juguete elegido para esta actividad. No dejes que tenga libre acceso al mismo ni lo utilices con otros perros. Una vez que haya aprendido a reconocerlo y se lance a por él sin necesidad de incitarlo, arrójalo al suelo a dos o tres metros de distancia. Lo más probable es que el perro corra hacia el juguete; rara vez un perro se resiste a perseguir un objeto en movimiento. Permanece en silencio mientras esperas a que lo coja. Cuando lo haga, no digas nada. Espera a que te mire para responder dedicándole atención concentrada y exagerando tu reacción. Reflexiona acerca de lo que estás reforzando. No quieres reforzar la conducta de alejarse de ti porque perderías la conexión con el perro una vez que llegue al juguete. Tampoco quieres reforzar la conducta de coger el juguete con la boca, ya que probablemente el perro tendería a huir de ti con el mismo. Lo que quieres reforzar con tu celebración es exactamente la combinación de coger el juguete en la boca y mirarte. Podemos suponer que el perro está pensando en aquello a lo que dirige su mirada por lo que, reforzando esta combinación, atraerás al perro para que vuelva a ti con el objeto.

¿Y con qué premiamos al perro por venir? Con otra divertida sesión del juego de presa. La puerta de acceso al largo historial de refuerzo a través de esta conducta la constituyen tu presencia junto a la del juguete. Eso explica por qué el perro se dirija hacia ti con el juguete como si fueras un imán y le atrajeras. Si a tu perro no le motiva el juego de hacer presa, asocia el juguete con su actividad favorita, cualquiera que ésta sea. Por ejemplo, los Gordon tienen la boca muy blanda y no les motiva este juego. En cambio, disfrutan mucho al igual que otros perros de caza sosteniendo en la boca algo blando y con pelo durante varios minutos. Cuando planifico el entrenamiento del cobro capitalizo sobre esa motivación usando un majestuoso peluche. Incluso un gesto tan sutil como contener la respiración estimula al perro a aproximarse. Ahora bien, para los perros que disfrutan portando cosas en la boca, la retirada de las mismas puede constituir un castigo. Si, cada vez que el perro se acerca a una distancia que puedes tocarle, le privas de este placer, ¿por qué habría de seguir acercándose? Para evitarlo, refuérzale por aproximarse mostrando tu sorpresa y admiración durante varios segundos. A continuación, pídele que te cambien el juguete por otra cosa que sea igualmente apetecible; un juguete o, para la mayoría de los perros de caza, un buen trozo de carne.

▶ A MANTENER LA INERCIA HACIA DELANTE AL FINAL DEL SLALOM

La entrega del premio en la última puerta del ejercicio del slalom provoca una atracción del perro hacia ese punto. Puedes colocar la fuente externa donde almacenas los premios al final de la pista, clickar al perro cuando haga una buena entrada y, a continuación, premiarle en el lugar designado. El encadenando de conductas hacia atrás a partir del final de la cadena garantiza esa atracción hacia ese final. Ahora bien, si tu perro tiene tras de sí un largo historial de refuerzo de acudir a ti tras oír el click, no te sorprendas si se desentiende de la cadena y se aproxima apenas clickas.

▶ DIFERENTES RESPUESTAS TRAS ESCUCHAR EL CLÍCKER

He visto entrenar a varios miles de perros y a cientos de individuos de otras especies. Me fascina ver los diferentes estilos de entrenamiento con sus peculiaridades en el uso del click. Normalmente se pueden agrupar por áreas geográficas o de actividad. Cuando el perro se queda totalmente parado al oír el click, sé que la comida se le entrega en el sitio. Otros, en cambio, se colocan frente al guía o completan la conducta antes de desplazarse a una estación donde se les entrega el premio. Las diversas reacciones de los perros se explican por los distintos modos de enseñar. Cada uno de ellos es apropiado en ciertas situaciones. Así, mientras que algunas conductas se enseñan mejor premiando al perro in situ, otras se benefician con la utilización de una estación para hacer la entrega. Por el contrario, la elección de una estrategia equivocada dificulta mucho el aprendizaje por parte del perro. Opino que ya afrontan un reto notable tratando de entendernos por lo que, lejos de delegar esta responsabilidad, debemos esforzarnos por ser tan claros, coherentes y efectivos como sea posible.

Por otra parte, nada te impide hacer uso de un marcador acústico distinto para cada respuesta. Incluso del tradicional clícker de caja se pueden extraer diferentes sonidos variando el ángulo de incidencia del dedo pulgar sobre la lengüeta. Así, si presionas en el extremo con la uña para minimizar la zona de contacto, obtendrás un sonido fuerte y marcado. En cambio, si apoyas la yema del dedo contra la lengüeta extendiendo el dedo gordo para maximizar el metal y la abertura de la caja cubiertos, el sonido que se produce será mucho más apagado. Puedes utilizar el primer sonido para entregas dinámicas del reforzador y reservar el segundo para cuando quieras marcar al perro que el desayuno se servirá en la cama.

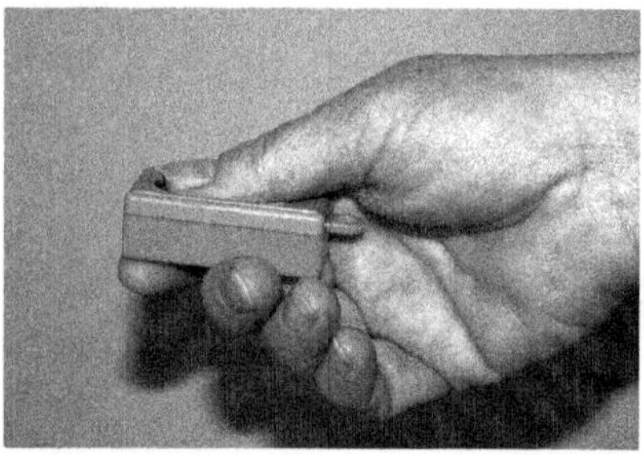

Click suave

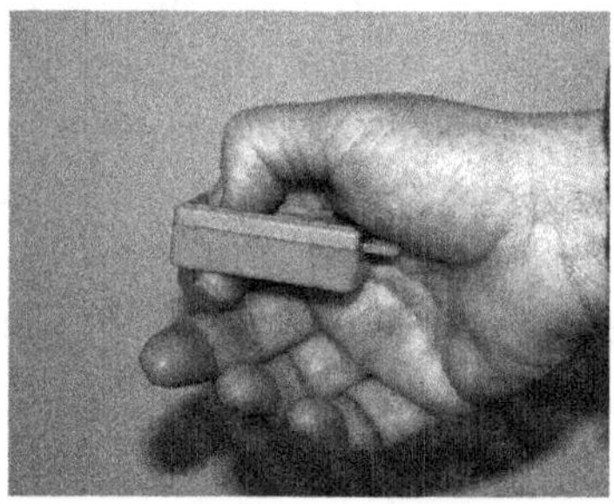

Click fuerte

Cómo medir el valor de un reforzador

En el fondo esta pregunta se asemeja a la del novato inquiriendo si siempre tendrá que llevar comida encima. La respuesta a esta pregunta es afirmativa para aquellos casos en los que tratamos de mantener una conducta que contradice los instintos del perro. Desde luego desistir de la persecución de un conejo para atender a tu llamada y acompañarte en un paseo rutinario no es una conducta instintiva. Sin embargo, si entrenas de forma disciplinada hasta acumular un historial de refuerzo de miles de premios por atender a la llamada cuidando de hacerlo cuando el perro no ha entrado en un estado de excitación, aumentarás las posibilidades de que el perro acuda cuando se encuentre en plena caza. Alternativamente necesitarás un reforzador de valor igual o superior a la caza, como puede ser el cazar a tu lado, es decir, su manada. Personalmente no llevo liebres de repuesto escondidas en las mangas de mi abrigo para estas eventualidades, pero lo que sí hago cuando surge la ocasión es llamar a los Gordon para inspeccionar un terreno en el que he visto faisanes.

El valor del reforzador sólo se puede medir por sus efectos sobre la conducta, manteniéndola o haciendo que aumente en frecuencia o intensidad. Si, cuando llamas a tu perro durante un paseo rutinario de exploración por el bosque y le premias con salchicha, vuelve, entonces puedes concluir que el reforzador es de mayor valor que la conducta que has interrumpido. Sin embargo, una estrategia preferible consiste en premiar y permitirle que pueda proseguir con la actividad original. De esta forma la llamada no pasa de ser un simple intermedio. En cambio, si tras la llamada sólo ofreces el premio y obligas al perro a interrumpir la actividad exploratoria definitivamente, puede que dicho castigo negativo supere en magnitud al reforzador y, en consecuencia, la llamada se deteriore. Por otra parte, nunca es demasiado pronto para empezar a enseñar buenos hábitos a los perros jóvenes. Lo mejor es hacerlo antes de que la conducta de rastrear en busca de presas haya adquirido un largo historial de refuerzo. De lo contrario, la conducta de rastreo se irá reforzando a medida que el perro la practique hasta superar en valor a cualquier otro reforzador.

Kent ofrecía una llamada extraordinaria, algo casi contra natura en el caso de los Gordon, hasta cumplir los tres años de edad. Como ya he dicho el planeta en el que vive Kent gira con parsimonia, así que hasta los tres años acudió bien a la llamada. ¿Qué ocurrió entre los dos y los tres años de edad? Que su historial de refuerzos para la conducta de caza siguió ganando enteros mientras que yo, durmiéndome en los laureles, me relajé a la hora de premiarle por acudir a la llamada. Para mantener esta conducta, aprovecha los paseos para practicar frecuentes llamadas a cambio de premios fuera de lo común, y no termines el paseo hasta que el perro haya saciado su necesidad de explorar. La llamada final, aquella que termina el paseo, precisa de un reforzador extra: un buen masaje relajante, acceso a agua potable si el perro está sediento, o a un área desconocida que le permitirás investigar llevándole de correa. Esta estrategia es idónea para perros que disfrutan explorando.

A mis Collies, en cambio, lo que más les gusta es entrenar sus habilidades en el pastoreo utilizándose unos a otros para esta práctica. Poco importa dónde estemos; se divierten de la misma forma en un parking que en pleno bosque. El centro de la acción del pastoreo soy yo. De modo que es una raza a la que, a diferencia de los Gordon, cuesta motivarla para que se alejen y exploren. Así las cosas, no necesito llamarles (algo que por otra parte sería delicado dada su tendencia a la persecución y a escoltar), excepción hecha del final del paseo. En ese momento la clave es relevar de sus funciones al perro que está llevando a cabo labores de pastoreo. Una vez que interrumpe el contacto visual e inicia la conducta exploratoria, los otros le siguen por imitación social. Como puedo anticiparme a esta conducta en el camino de vuelta a casa, aprovecho para ponerla bajo la señal "está bien así". Como ya he dicho, el valor del reforzador sólo puede medirse por la conducta, en ese momento y en ese ambiente.

ANTICIPACIÓN Y DESILUSIÓN

No existe ninguna prueba de que un trozo mayor de comida sea más reforzante que otro más pequeño. De hecho, trozos muy grandes pueden representar una estrategia peor porque conducen más rápido a la saciación. De forma análoga, los bocados que requieren ser masticados pueden tener un valor más bajo. Un Gordon, por ejemplo, suele olvidarse de lo que estaba haciendo una vez que empieza a masticar.

El valor superior de un reforzador sólo puede medirse basándose en los siguientes parámetros de observación:

1. El perro emite la conducta, siempre con un alto nivel de calidad, con mayor intensidad producto de la activación derivada de anticipar un premio de mayor valor.
2. El perro es capaz de emitir más repeticiones de la conducta o de prolongarla más trabajando en pos de un único reforzador.

3. La conducta exhibe robustez incluso en un ambiente con más distracciones, gracias a la anticipación del premio de alto valor.

La realidad es que sólo sacarás el máximo partido de los reforzadores de alto valor si juegas con la anticipación de los mismos por parte del perro. Imagina que sueles trabajar ofreciendo a tu perro bolitas de arroz integral, pero en esta ocasión cocinaste unas deliciosas vísceras para premiarle. El contraste positivo no tendrá influencia alguna sobre la conducta del perro si te guardas la información y el perro no anticipa el exquisito bocado. Así que abre la bolsa de los premios y deja que el perro olisquee lo que le espera si quieres aumentar su nivel de activación y con él...

... la atención que presta a tus señales.

... la respuesta a las mismas.

... la intensidad y/o la calidad de las conductas.

Conseguirás de esta forma más cantidad de conducta de la que acostumbras, dado que la anticipación de algo agradable parece ser reforzante en sí misma. Piensa en cuando tienes la expectativa de las vacaciones dentro de unos meses. Hay tanta diversión o más en la expectativa como en el evento en sí mismo. De hecho, el evento puede llegar a desilusionarnos si hemos dado rienda suelta a nuestra imaginación. No podemos saber si los perros se hacen expectativas y cómo son éstas. Sin embargo, lo que sí podemos ver es un mayor nivel de activación cuando utilizamos un reforzador de alto valor e informamos claramente al perro de la existencia del mismo. No se trata de un soborno o un señuelo, sino de buena comunicación. Incluso puede haber componentes adictivos en las descargas de neurotransmisores que origina la anticipación de una recompensa. Lo mismo nos ocurre a los humanos.

Ahora bien, la activación que proviene de la anticipación es compatible con el aprendizaje y, por tanto, mucho más útil que la derivada de un juego de alta intensidad. La razón es que la atención del perro se concentra en cómo conseguir el reforzador. Esto también depende de tu estilo de enseñanza. Cuando mis perros ven el reforzador su reacción automática no es pensar "lo quiero", sino más bien "¿qué puedo hacer para conseguirlo?".

La otra cara de la moneda de la anticipación es la desilusión que deriva del contraste negativo; el perro esperaba un sabroso trozo de corazón, pero le dan una mera bolita de arroz integral. En mi experiencia puedes salirte con la tuya dos o como mucho tres veces, pero apenas el perro se dé cuenta de que sólo le vas a dar bolitas de arroz, dejará de ofrecer conducta. De hecho algunos perros rechazan el reforzador de bajo valor obligándote a ser totalmente transparente y no dispensar otra cosa que no sea el reforzador de alta calidad. Piensa que si a tu perro le preocupa la calidad del premio hasta el punto de rechazar lo que le ofreces, no querrás que asocie esa preocupación con el entrenamiento.

La conducta no desaparece de forma súbita ya que los neurotransmisores ligados a la anticipación de un premio de alta calidad tardan un tiempo en desaparecer. Sin embargo, apenas sus niveles comienzan a bajar, lo mismo ocurrirá con la conducta del perro. En la práctica un programa de refuerzo 3:1 o 4:1 (es decir, 3 o 4 premios de baja calidad por cada uno de alta calidad) puede bastar para mantenerle feliz y motivado. Sin embargo, la mejor prueba de que la proporción es la correcta te la dará la calidad de la conducta ofrecida por el perro.

LA NATURALEZA DE LA CONDUCTA ES MUTAR

Desde luego la naturaleza no nos facilita la vida a los entrenadores de animales. Para ilustrar esta complicación, supongamos que enseño a mi cachorro a sentarse y le refuerzo con un trozo de pollo cocinado de un tamaño que viene a ser la mitad de la uña de mi dedo pulgar. Una vez que le he reforzado entre 400 y 500 veces por esa misma conducta, es importante que recurra a un reforzador de menor valor, dado que la conducta habrá pasado de ser una conducta voluntaria a quasi-refleja. El cachorro que ya tiene unos siete meses de edad seguirá obteniendo reforzadores por sentarse, pero en forma de atención y afecto. En cambio si, una vez que la conducta ya resulta sencilla para el perro, siguiera utilizando un dado de pollo para premiarle, devaluaría el reforzador. En otras palabras, suponiendo que el dado de pollo tiene 1 unidad de valor, exigimos a cambio de esta unidad que el cachorro preste atención y responda con autocontrol al señuelo o, alternativamente, que recuerde lo que tiene que hacer para ganarla. Son logros notables para un cachorro de diez semanas, excitable y exuberante de energía. Gracias a la práctica, la competencia para emitir la conducta aumenta por lo que estaremos demandando menos atención, concentración y memoria por parte del perro a cambio del reforzador. Recompensando al perro de forma excesiva, me arriesgo a devaluar el reforzador, lo cual puede afectar negativamente al esfuerzo que el perro está dispuesto a dedicar a otras conductas más complejas retribuidas con la misma magnitud.

Sin embargo, en aquellas ocasiones en las que el "Sienta" sea más difícil de llevar a cabo –antes de bajar del coche, por ejemplo–, será apropiado volver a premiar con un dado de pollo, de forma que el valor del reforzador utilizado coincida con el esfuerzo que la conducta requiere.

Mis Gordon responden a la llamada a cambio de comida si están en el jardín. En cambio, no acuden cuando estamos en el campo. El valor relativo de la comida varía dependiendo del ambiente, y es insuficiente para competir con el reforzador de altísimo valor que representa la conducta de cazar pájaros. En ocasiones así recurro a mi arma secreta para los Gordon: la adoración llevada al extremo, echándole mucho teatro y ofreciendo al perro un masaje que dure al menos un minuto completo. Es cansado pero, dado el temperamento de estos perros, es un reforzador de alto valor. En cambio, mis Collies se horrorizarían de sufrir semejante muestra de cariño. Para ellos un simple "bravo" es preferible.

Ligada a este extremo, una recomendación que se hace a los guías y que me preocupa en particular es la de pedirles que acompañen la entrega del premio con efusivas muestras de entusiasmo y aprobación. Ten en cuenta que cuando entrenamos con clícker el perro está llevando a cabo una exigente actividad cognitiva: memorizar la conducta que emiten cuando suena el click. Este proceso mental requiere de una concentración relajada que se rompería de seguir el citado consejo. No debes fomentar que tu perro trabaje en pos de tu aprobación ni de tu reacción emocional. Mi consejo es que dejes trabajar al clícker y a la comida, reservando la aprobación para otras ocasiones en las que haya un aumento notable en el esfuerzo del aprendiz o no dispongas de premios. Puede ser útil asociar frases como "buen chico" con la entrega del premio, pero trata de no utilizarlas de forma innecesaria.

Volviendo por un instante al asunto de cuántas unidades de refuerzo son necesarias, ten en cuenta que necesitarás dispensar la cantidad suficiente para continuar fortaleciendo la conducta o incrementando la frecuencia de la misma. Recuerda que, a diferencia de los intervalos de refuerzo continuo, algunos programas de refuerzo nos permiten variar el valor del reforzador de una forma impredecible para el perro. Esta estrategia sólo funcionará si el perro ha sido premiado periódicamente con un reforzador de mucho mayor valor, como por ejemplo sacarlo de paseo después de que se haya sentado. En resumen, para elicitar[13] conducta de alta calidad en el perro es imprescindible crear la expectativa de obtención de un reforzador de alto valor. De lo contrario la conducta que emitirá el perro será de baja calidad. Por consiguiente, sé diligente y asegúrate que aquellas conductas importantes, tales como la llamada, siempre predicen la adquisición de los reforzadores del mayor valor disponible. Sólo así podrás mantener el nivel de calidad de esas conductas cruciales.

CÓMO REDUCIR LA CANTIDAD DE REFORZADOR DISPENSADA

Se trata de un proceso delicado ya que, realizado de forma prematura, podría comprometer el nivel de calidad de la conducta o la fiabilidad con que el perro responde a la señal. Entreno a mis perros para que respondan en situaciones de competición donde no se admite la utilización ni de premios ni de juguetes durante las pruebas. En la categoría junior los perros deben demostrar unas veinte conductas en un tiempo de un minuto.

¿Cómo preparo a mis perros para superar este reto? Empiezo por el final, es decir, planificando un reforzador final que pueda dispensar una vez fuera del ring y que sea de un valor excelso. A partir de este punto encadeno hacia atrás las distintas conductas que componen la rutina, de forma que cada comportamiento dé el pie al siguiente.

Un ejercicio como el cobro que consta de varias conductas es ideal para practicar la técnica anterior. Empiezo reforzando la conducta final de soltar con diez unidades de valor del reforzador más preciado para el perro. Esto se traduce, en el caso de los Collies, en permitirles otra repetición del ejercicio de cazar y capturar. En el caso de los Gordon las diez unidades

13 Recuerde el lector que el verbo "elicitar" debiera reservarse para la conducta respondente. Es decir, sólo los respondentes son "elicitados", mientras que los operantes son "evocados". En un caso como el que nos ocupa, donde se solapan conductas operantes y respondentes, podrían utilizarse ambos verbos y hablar de conductas "elicitadas y evocadas". Nota del traductor.

de valor se traducen en comida y medio minuto de mimos y adoración. Incluso puedo subir la apuesta de diez a doce unidades de valor reclutando ayudantes para que dispensen mimos al perro al mismo tiempo que yo. A continuación, para entrenar la cadena, enseño las conductas que la componen sin necesidad de seguir un orden determinado. Estos ensayos los premio sólo con una unidad de valor de reforzador. Las conductas que constituyen los distintos eslabones del ejercicio del cobro son las siguientes:

- Marcaje del objeto a cobrar.
- Mantenimiento de la atención sobre dicho objeto.
- Mantenimiento del "Sienta" al lado del guía, como en el "Junto", mientras éste efectúa el lanzamiento.
- Alejarse del guía de forma resuelta, a la primera señal, y con clara determinación acerca de la tarea a realizar.
- Preparación de la maniobra limpia para hacer presa en el objeto con la boca.
- Girarse para focalizar la atención en el guía.
- Correr con el objeto en la boca.
- Preparación para soltar recuperando la posición de "Sienta" en "Junto".
- Mantenimiento de la presa hasta que el guía dé la señal de soltar el objeto.

Una vez que el perro ha aprendido los comportamientos de forma individual procedo a reunirlos en conglomerados parciales cuidando de premiar mucho la última conducta de cada uno de ellos. Los conglomerados son los siguientes:

CONGLOMERADO 1

Mantenimiento de la posición durante el lanzamiento = 5 unidades del reforzador.

Mantenimiento de la atención sobre el objeto + Mantenimiento de la posición durante el lanzamiento = 5 unidades del reforzador.

Marcaje del objeto a cobrar + Mantenimiento de la atención sobre el objeto + Mantenimiento de la posición durante el lanzamiento = 5 unidades del reforzador.

CONGLOMERADO 2

Girarse para focalizar la atención en el guía = 5 unidades del reforzador.

Alejarse del guía de forma resuelta, a la primera señal, y con clara determinación acerca de la tarea a realizar + Girarse para focalizar la atención en el guía = 5 unidades del reforzador.

Preparación de una maniobra limpia para hacer presa en el objeto con la boca + Alejarse del guía de forma resuelta, a la primera señal, y con clara determinación acerca de la tarea a realizar + Girarse para focalizar la atención en el guía = 5 unidades del reforzador.

CONGLOMERADO 3

Mantenimiento de la presa hasta que el guía dé la señal de soltar el objeto = 5 unidades del reforzador.

Correr con el objeto en la boca + Mantenimiento de la presa hasta que el guía dé la señal de soltar el objeto = 5 unidades del reforzador.

Preparación para soltar recuperando la posición de "Sienta" en "Junto" + Correr con el objeto en la boca + Mantenimiento de la presa hasta que el guía dé la señal de soltar el objeto = 5 unidades del reforzador.

Una vez que el perro gane destreza en la ejecución de cada uno de los conglomerados, lo cual puede llevar entre 300 y 400 repeticiones, podrás disminuir el reforzador dispensado una sola unidad de valor.

El siguiente paso consiste en encadenar hacia atrás los tres conglomerados de conducta, es decir, de atrás hacia delante:

Conglomerado 3 – Volver y soltar.

Conglomerado 2 – Correr hasta el objeto y recogerlo.

Conglomerado 1 – Mantener el autocontrol mientras el guía lanza el objeto.

Para reforzar la ejecución de la cadena al completo se dispensan 10 unidades de valor del reforzador hasta que el aprendiz adquiera la destreza suficiente para reducir dicha magnitud.

Ten en cuenta que al incrementar el valor del reforzador dispensado por la conducta que corona cada uno de los conglomerados o, tras encadenar éstos, por la conducta al final de la cadena completa, se acrecienta la expectativa del perro hacia ese momento. Una cadena sólo funciona en la medida que se respeta este principio y jugamos a favor de la capacidad de anticipar del perro.

La técnica que he explicado es muy efectiva con cadenas de tres o cuatro conductas, pero cuando incrementamos el número hasta quince la tendencia a anticipar la siguiente conducta de la cadena puede llegar a interferir con la correcta ejecución. El desequilibrio entre las distintas conductas es más probable en secuencias gobernadas por señales musicales reconocibles por el perro, o cuando algunas de las conductas provocan una respuesta de parte del público que es reforzante para el perro. Para atajar este problema enseño cada conducta aplicando una unidad de valor del reforzador. Tras varios cientos de repeticiones la conducta queda bien fijada. Ten en cuenta que para alcanzar 600 repeticiones de una conducta sólo hace falta realizar 30 sesiones de entrenamiento constando cada una de ellas de 20 ensayos.

¿Cuáles son mis criterios para determinar si puedo reducir el valor del reforzador dispensado?

1. El perro ofrece la conducta sin variaciones en condiciones normales de entrenamiento, es decir, en un ambiente en el que cuente con un alto historial de refuerzo y sin la presencia de distracciones.

2. El perro siempre ofrece la conducta cuando se le da la señal.

3. El perro no ofrece la conducta sin que se le haya dado la señal. Por definición la conducta no está bajo control de estímulos si el perro la ofrece por motivos ajenos a la señal introducida, como por ejemplo, al ver el juguete, con una posición del guía o por cualquier gesto de la coreografía.

Si, pese a que el aprendiz no satisface estos requisitos, reducimos el valor del reforzador o pedimos dos conductas a cambio de la misma magnitud, el resultado será mayor variabilidad en la calidad del comportamiento.

Por último, sólo encadeno una conducta finalizada (es decir, trabajada hasta el nivel de calidad deseado) con otras que también lo están. Para evitar romper las conductas las clasifico en las siguientes categorías:

- Conductas finalizadas.
- Conductas ya aprendidas, pero que aún necesitan repetición para adquirir soltura.
- Conductas sobre las que estamos trabajando aún en el primer estadio de aprendizaje.

Como resultado de seguir esta estrategia voy acumulando cadenas de dos, tres, cuatro u ocho comportamientos en mi "banco conductual". De cara al mantenimiento, refuerzo la emisión de conductas individuales con un refuerzo menor como una sonrisa, atención, un simple "bravo" o un poco de animación. En cambio, al final de cada cadena dispenso siempre un reforzador de 10 unidades de valor, como por ejemplo una interacción lúdica con el perro y un juguete durante medio minuto.

La estrategia de ir acumulando cadenas de conductas reposa en definitiva sobre una piedra angular; el final (variable) siempre recibe el máximo nivel de refuerzo. A medida que el perro adquiere experiencia y aprende a anticipar el reforzador final no le costará encadenar muchas conductas sin que éstas pierdan calidad ni refuerzo. ¿Cuál es la explicación si apenas entran en juego reforzadores individuales para cada una de las conductas que constituyen los eslabones de la cadena? La razón es que, llegados a este punto, permitir al perro continuar con la ejecución de la cadena es reforzante en sí mismo. ¿Por qué? Porque esto le acerca al festín final.

Solemos utilizar el término "autorreforzante" para denominar las conductas que se han trabajado hasta este grado, lo cual puede llevar unas 3000 repeticiones. Autorreforzante significa que el reiterado emparejamiento de la conducta con el reforzador ha convertido a la última en un reforzador secundario. Esta regla es aplicable a la mayoría de las conductas aprendidas. Sin embargo, no olvides que las conductas contrarias a comportamientos instintivos nunca pueden llegar a ser autorreforzantes precisamente por la tensión provocada por la conducta instintiva. ¿Y cómo podemos saber si una conducta ha pasado a constituir un reforzador secundario en sí misma? Como explicaré con mayor detalle en el Capítulo 5, la única manera es moldear una nueva conducta y utilizar la señal de la conducta cuyo estatus queremos comprobar como clícker.

INCREMENTOS EN EL VALOR DEL REFORZADOR

La utilización de comida de mayor tamaño no suele venir acompañada de mejoras en la calidad o frecuencia de la conducta. Lo que sí ocurre es que el estómago del perro se llena antes y, con el inicio de la digestión, el perro se mostrará somnoliento, sobre todo si es un cachorro.

Hay ocasiones en las que necesitamos incrementar el valor del reforzador que dispensamos porque el perro ha ofrecido la conducta con especial garbo o remontando la presión derivada de un ambiente nuevo o distracciones salientes. Cuando esto ocurra es crucial no volver al reforzador de valor inferior, salvo que el perro flaquee en sus esfuerzos. Es muy peligroso ofrecer al perro un jackpot aislado y en la siguiente repetición volver al valor normal[14].

14 La observación de la autora ha sido recientemente corroborada por una investigación que sugiere la ineficacia de los *jackpots* así definidos: premiar una conducta especialmente buena con un reforzador de mayor magnitud no esperado por el perro, e inmediatamente volver a la magnitud de refuerzo normal. En general, el jackpot es visto con escepticismo por una gran parte de los profesionales ya que delega en el aprendiz una de las responsabilidades básicas del entrenador: establecer un plan de entrenamiento bien calibrado donde los sucesivos criterios aplicados garanticen la consecución de una alta tasa de refuerzo por parte del aprendiz en todo momento, al tiempo que se moldea la conducta por aproximaciones sucesivas. *Vid.* Muir, K. *The Effects of Jackpots on Responding and Choice in Two Domestic Dogs*, University of Northern Texas (2010). Nota del traductor.

CÓMO INCREMENTAR REFORZADORES CONSISTENTES EN COMIDA

Para hacerlo lo mejor es entregar varios premios de pequeño tamaño de forma consecutiva con una cadencia de uno por segundo. También puedes incluir una búsqueda conjunta, lanzamientos o conductas pertenecientes a la secuencia de caza. Dale un descanso al perro para garantizar que el mayor valor del reforzador dispensado se refleje en su prestación en futuras conductas. De lo contrario el aumento en el nivel de activación puede llegar a interferir sobre las prestaciones.

CÓMO UTILIZAR LA ATENCIÓN CONCENTRADA E INCREMENTARLA

Cuando estoy con mis perros utilizo una mirada cariñosa para premiarles. De esta forma, si estoy mirando a Speck por haberse sentado bajo señal y de repente Quick también se sienta, le miro. Quizás no ha respondido inmediatamente a la señal, pero es un gran logro para un adolescente. Tras marcar la conducta con la mirada puede que les entregue sendos premios, pero la mirada es siempre el reforzador más inmediato. De hecho para logros de menor envergadura utilizó tan solo la mirada como reforzador. Para incrementar su valor puedes avanzar hacia el perro al tiempo que le miras, concentrarte totalmente en él o ponerte a su altura mientras le hablas. También puedes acariciarle, si es que al perro le refuerza el contacto físico, e ir subiendo el nivel de intensidad y dramatismo del intercambio hasta llegar al ritual ya descrito de adoración del que tanto disfrutan los Gordon. Ten en cuenta que prolongando la duración de cualquiera de estos postcedentes aumenta su valor como reforzador. Desde luego adorar a un Gordon durante un minuto entero es un trabajo agotador, pero los resultados son espectaculares. Un último consejo, ten cuidado con los perros que se sobreexcitan con este tipo de celebraciones porque más de un Gordon me ha mordido por cariño tratando de mostrarme hasta qué punto la adoración era mutua.

CÓMO INCREMENTAR EL GRADO DE CONEXIÓN

Por lo general la conexión con el perro no se utiliza como reforzador durante los entrenamientos. Sin embargo, funciona muy bien para los momentos de relajación y para apuntalar la consideración y el aprecio mutuos. En casa utilizo la escalera para este ritual, pues nos permite sentarnos una junto al otro, establecer contacto ocular e incluso táctil si así lo queremos los dos. Simplemente sentarse junto al perro durante un minuto y charlar con él sobre cómo le está yendo el día tiene un gran valor para él. Un paseo PUEDE reconectarte con el perro, pero es más difícil que ocurra porque el foco del perro estará dirigido hacia conductas exploratorias.

Recuerdo en particular a un perro de un albergue cuya autoconfianza había sido mermada. Para potenciarle decidí llevarlo conmigo en el asiento del copiloto durante algunas semanas, con cinturón de seguridad por supuesto[15]. Cuando iba y venía de dar clase en la Universidad o hacía esporádicas visitas a otros perros, venía conmigo. Nos hacíamos compañía mutuamente y compartíamos el almuerzo. Disfrute mucho de este periodo antes de que se fuera. Creo que pasar esa temporada conmigo era para él alguna clase de proyecto especial para ayudarme a crecer.

CÓMO VALERSE DE LA POTENCIACIÓN

Potenciar al perro es una forma maravillosamente fácil y efectiva de reforzar al perro cuando no quepa utilizar ni comida ni juguetes. Por ejemplo, cuando mi cachorro de diez semanas de edad merodea por la cocina toda la acción sucede metro y medio por encima del nivel de su cabeza. Cuando se sienta, me agacho y le refuerzo con atención y caricias, de forma que no tiene necesidad de saltar encima de mí. Automáticamente él piensa: "Ajá, así que puedo hacer que se acerque a mí ¿sentándome? Sí, eso es, ahí viene de nuevo. ¡Cómo mola!". Otras veces los perros van motu propio a sus camitas. Si permanecen tranquilos durante más de un minuto en ellas, me acerco y les dedico algo de atención especial, especialmente mimos en los que el perro se pone panza arriba, para no alterarle.

¿Y cómo puedes hacer que el cachorro vuelva con el juguete hacia ti? Lo mejor es quedarse quieto hasta que el cachorro te mire. Cuando lo haga,

15 En España el Código de circulación obliga a colocar los animales trasportados en un lugar en el que no interfieran con el conductor. Esto excluye la posibilidad de llevarlos en los asientos delanteros en cualquier forma que se haga, pero permite su transporte en los asientos posteriores, atados al respectivo cinturón de seguridad (con arnés, por la seguridad del animal), o en un espacio delimitado por una divisoria. Nota del traductor.

empieza a animarle. De esta manera le potencias porque le otorgas el poder de hacerte pasar de ser una estatua a un ser animado y de atractiva personalidad.

La misma técnica resultará muy útil para empezar a construir la llamada o atraer la atención de un perro joven inmerso en una conducta exploratoria. Es muy extraño que el perro pasee a su libre albedrío sin mirarte siquiera un momento. Claro, si estás cotorreando con un amigo o hablando por teléfono, les liberas de esta obligación interna de contactar de vez en cuando[16]. Lo mismo ocurrirá si utilizas su nombre con profusión o les llamas continuamente para atarles. Para llamar su atención, la mejor estrategia es quedarse inmóvil como un árbol. Empezarán a mirarte y podrás premiar esa conducta de la misma forma o con una frase del tipo "hola, ¿qué tal vas por ahí?". Puede que el perro no se tome la molestia de venir a tu lado para seguir interactuando, pero definitivamente notarás un incremento en la conducta si actúas de esta manera. Otra posibilidad es girar hacia el perro y seguirle unos pocos pasos.

Una vez que la conducta de mirarte sea frecuente, puedes recurrir a hurgarte los bolsillos, hacer aparecer un juguete o lanzarlo y salir corriendo en pos del mismo. Cualquiera de estas acciones hará que el perro te persiga y, a continuación, podrás elegir cómo reforzar la conducta: con conexión, juego, atención o un paseo conjunto.

Por otra parte, si lo que quieres es disminuir la atención que el perro te presta, ignórale cuando te mire o se siente frente a ti. Si a esto unes el cumplimiento de tus deberes cívicos de recoger los excrementos, no tardarás en darte cuenta de que el clásico paseo con el perro pronto degenera en un "te llevo a la zona de caza donde haces lo que te viene en gana, limpio tu caca y luego te vuelvo a llevar a casa". Con esta conducta por parte del guía no es de extrañar que algunos perros se comporten como adolescentes sujetos a los dictados de sus hormonas.

---

16 En línea con el argumento de la autora, diversas investigaciones han demostrado que los perros son sensibles a los estados atencionales del guía. *Vid.* Call, Bräuer, Kaminski, y Tomasello, "Domestic dogs (Canis familiaris) are sensitive to the attentional state of humans", en 117:3 *Journal of Comparative Psychology* (2003), pp. 257-63. Nota del traductor.

CÓMO INCREMENTAR EL VALOR DEL JUEGO

La clave para aumentar las conductas de juego es aumentar el valor reforzante de las mismas. En la mayoría de los juegos esto requerirá tomar en consideración las conductas instintivas de cada perro. Para un perro al que le gustan los juegos de presa, puedes incrementar el valor de la interacción lúdica con una sesión intensa de tirar de una cuerda. En cambio, para un perro cuya vocación es acechar y capturar, lo adecuado sería aumentar la duración de la conducta de acecho. Si al perro le gusta llevar objetos en la boca, puedes aumentar la animación corriendo a su lado o saltando obstáculos juntos.

Una advertencia, cuando propongas a un perro jugar a estirar, cuida de que la presa que haga sea segura y saludable. Esto implica que deberá morder de forma simétrica y con las piezas dentales traseras, de forma que la fuerza muscular se distribuya de forma homogénea.

Los perros de caza tienen tendencia a una mordida blanda y por eso prefieren objetos grandes ya que esto les permite repartir bien la fuerza entre un mayor número de puntos de contacto. Aunque algunos perros aparenten estar cómodos utilizando únicamente las piezas delanteras, no permitas que lo hagan porque a largo plazo los efectos son nefastos.

Elige objetos que, además de ser fácilmente manipulables, garanticen que el perro pueda utilizar al menos 60% de sus dientes. Los juguetes más seguros están diseñados con una zona central amplia en la que el perro pueda hacer presa. Los encontrarás en texturas diversas que van desde las más suaves, aptas para cachorros y adultos de boca delicada, a las más recias para profesionales de los juegos de presa. Al menos en uno de los extremos, pero preferiblemente en los dos, el juguete debe disponer de un asa que puedas asegurarte a la muñeca para no manejarlo sólo con los dedos. Otro detalle de considerable importancia para perros con tendencia a monopolizar el juguete es que disponga de zonas marcadas distintivamente para el perro y para el guía.

Cuando enseñas a un perro el juego de hacer presa hay ciertas conductas que quieres reforzar y otras que quieres castigar. El reforzador proviene de continuar con el juego ofreciendo al perro la realización de una conducta instintiva (matar en equipo) y de la atención concentrada que le dedicas.

En el curso del proceso de moldeado es fácil eliminar conductas como la consistente en morder cada vez más cerca de tus manos como un signo de amenaza a tu presa. Si esto ocurre, suelta el juguete inmediatamente y deja de prestar atención al perro. Esto segundo es muy importante ya que, si sigues prestándole atención, reforzarás sin querer su estrategia de amenazas. De modo que aléjate y finge hablar con un árbol evitando mirar al perro, o siéntate en el coche. El tiempo fuera de reforzamiento tendrá una duración cercana a los tres minutos. Cuando vuelvas, ofrécele jugar a hacer presa con un segundo juguete. Esta estrategia requiere que dispongas de dos juguetes.

Otra conducta a eliminar es la consistente en poner las patas sobre ti para hacer mayor palanca. Nuestras piernas no han sido diseñadas para tal cosa, así que tan pronto como lo haga, aplica un tiempo fuera de reforzamiento y vete. El juguete a secas es menos reforzante que jugar contigo, sobre todo si reapareces con una propuesta mucho mejor que incluye un excitante juego.

Por otra parte, en cuanto a los comportamientos que quieres reforzar, te interesa que el perro haga una presa limpia a la primera. Puedes moldear esta conducta fácilmente, pero resulta de utilidad capturarla con un clícker ya que el estado de activación incrementa la velocidad a la que el perro la ejecuta. Así que ofrece el juguete, captura la presa limpia con el clícker y continúa el juego. En mis cálculos 1 unidad de valor del juego de presa equivale a un juego estático, con ruidos por mi parte y de una duración de tan solo tres segundos.

Otra conducta que quieres reforzar es la de mantener la presa. Si el perro afloja la boca, deberás recuperar el juguete y disfrutarlo durante tres segundos por tu cuenta. Piensa que si el perro suelta sin que se lo hayas pedido e inmediatamente le propones seguir la interacción, disminuirás la motivación por el juego. ¿Por qué habría de seguir haciendo presa? Premia con dos unidades de valor si el perro mantiene la presa: es decir, ofrécele seis segundos de tirar o deja que gane algo de terreno dejando que te desplace unos centímetros hacia delante.

Para perros que se muestren tímidos en este juego puedes atar una cuerda de dos metros de largo al juguete y jugar únicamente cuando haya esta distancia. Verás como incrementando la distancia del perro respecto a ti, éste gana confianza para tirar[17].

Para fomentar que el perro suelte el juguete le controlaremos por el collar pasando la mano por debajo de su barbilla imprimiendo la suficiente tensión para evitar que siga tirando. Notarás entonces que afloja la mandíbula. Es el momento de clickar y reforzar la conducta de soltar volviendo a empezar el juego. Ten en cuenta que incluso el rey de los juegos de presa comenzará a relajarse una vez que cesa la tensión en el juguete. No es sólo que dejen ir la presa, sino que se relajan. Si logras capturar esa relajación, irás por buen camino para moldear un "Suelta" de gran calidad. Después de todo, soltar es la ÚNICA forma de que el juego vuelva a empezar.

Retirada de reforzadores

Retirar un reforzador presente en el ambiente supone la aplicación del procedimiento conocido como castigo negativo. El procedimiento funciona, ésa no es la cuestión. El problema es que, si tu propósito es utilizar de manera efectiva los reforzadores, el castigo negativo debe ser siempre un último recurso, en lugar de la vía preferente. Date cuenta que la utilización de esta técnica puede resultar reforzante para el entrenador ya que sus resultados son rápidos y no suelen requerir ingentes cantidades de energía y arduos esfuerzos. La realidad es que solemos recurrir a ella sin deber, por nuestra negligencia y pereza.

Si lo analizas con un mínimo de profundidad, ¿tú qué preferirías: que te dieran algo agradable o que te lo quitaran? La pregunta se responde sola ¿verdad? Además, otro riesgo derivado de la utilización del castigo negativo es que fomente aún más la conducta que queremos erradicar. Imagina que un perro ha estado acechando a un conejo. Lleva varios días sin pro-

17 El lector interesado en utilizar este juego para fomentar el autocontrol en el perro encontrará más información en el DVD titulado *Whippits DVD training*.

bar bocado y necesita cazarlo para mantenerse vivo. Si se le escapa, es decir, si experimenta la pérdida de algo agradable, ¿qué crees que hará: desistirá o probará a cazarlo aún con más fuerzas? Tratándose de una necesidad extrema o de conductas instintivas, el perro no desistirá. En cambio, con conductas aprendidas sí puede tener este resultado.

Examinemos ahora lo que pasa en el otro universo, el gobernado por el principio del refuerzo positivo. Aquí la conducta del perro se caracteriza por un incremento en el deseo de obtención, no por la evitación. No hay miedo a fallar y los intentos infructuosos no aportan más que información al aprendiz. Los perros y las personas que aprenden de acuerdo al refuerzo positivo están motivados para aprender más y más, recuerdan sus logros pasados y tienen una buena relación con el profesor y el ambiente en el que tienen lugar las clases.

Si te comes las verduras, te dejaré ver una hora la televisión. Si no lo haces, tendrás que ir derecho a la cama. Si te sientas cerca de la puerta, te dejaré salir al jardín para que te des una vuelta. Si no te mantienes sentado mientras la abro, continuaré cerrándola hasta que hagas lo que te estoy diciendo. Si mantienes la permanencia en la línea de salida del recorrido de Agility, te dejaré ir al salto. Si no lo haces, te pondré la correa y te sacaré de la pista. Seguro que estas alternativas no son nuevas para nadie. Ahora bien, si has tomado la decisión de acampar con tu perro en el universo del refuerzo positivo, habrás de reconsiderar las opciones que implican el paso al universo del castigo negativo.

- **QUIERO QUE MI HIJO APRENDA A COMER VERDURAS Y A DISFRUTAR DE ELLO (ESTE SEGUNDO ASPECTO ES CLAVE)**

  El primer paso será pedir al niño que toque las verduras y reforzarle con atención, aprobación social, juego y demás. Más tarde, le animaré para que bese las verduras recurriendo a la imitación y el aprendizaje cognitivo social: el adulto besa una habichuela y el niño lo hace a continuación. Reforzaré también esa conducta con atención, aprobación social y juego. A continuación subiré el listón esperando a que el niño muerda mastique y trague un guisante por ejemplo. Le reforzaré de la misma forma.

El programa seguirá por esta vía hasta que comer verduras se convierta en un hábito, momento en el que podré reducir los reforzadores aplicados[18].

▸ QUIERO QUE MI PERRO SE SIENTE EN LA PUERTA, MANTENGA LA PERMANENCIA MIENTRAS LA ABRO Y SALGO, Y SÓLO ME SIGA CUANDO LE DÉ LA SEÑAL

La estrategia que te propongo a continuación es válida para nuevas puertas, no para la puerta de casa cuyo historial de aprendizaje se ha complicado con la conducta autorreforzante de salir sin control. El primer paso consiste en hacer del nuevo sitio un lugar con un historial de refuerzo por parte tuya, no de la puerta. Para ello, camina con el perro hasta la puerta y empieza a premiarle con comida por prestarte atención. A continuación deja abierta la puerta y repite la misma rutina. Si el perro es capaz de mantener la atención sobre ti estando la puerta abierta, la acción de abrirla no planteará problemas. Repite la misma rutina para robustecer el historial hasta que el perro responda a las señales para sentarse y permanecer.

A continuación, permite al perro que mire a través de la puerta antes de reconectar contigo. Cuando lo haga, refuérzale con comida o con la señal para que te siga a través de la puerta.

En el Capítulo 6 abordaré la forma de modificar conductas. Esto implica dos acciones simultáneas: quitar los reforzadores de la conducta no deseada y aplicar un intervalo de refuerzo a la conducta que queremos.

El castigo negativo puede inhibir la conducta no deseada, pero no hace nada por enseñar al perro lo que debe de hacer. ¿Acaso has enseñado al perro que rasca la puerta para que se la abras, a sentarse y esperar de forma controlada en ese lugar en concreto?

---

18 El crédito por esta idea corresponde a Tanya Byron de *House of Tine Tearaways*. Se trata de una serie inglesa. Personalmente no tengo experiencia en este campo exceptuando la modificación de conducta hecha sobre mí misma para empezar a "disfrutar" comiendo verdura. No en balde fui una víctima de la estrategia de mandarme a la cama sin postre.

Cómo establecer un reforzador secundario

Para establecer un reforzador secundario o condicionado es necesario emparejarlo con un reforzador primario o incondicional. Tanto el clícker y los premios, de una parte, como el silbato y el pescado, de otra, son ejemplos comunes, pero hay muchos más.

El reforzador secundario (también conocido como puente) debe utilizarse de forma consistente si queremos que nos sirva para marcar la conducta a reforzar con precisión y eficiencia.

Es importante que identifiques en qué circunstancias y situaciones de entrenamiento quieres valerte de un marcador de conducta. En mi caso, por ejemplo, recurro muchísimo (casi en el 95% de las ocasiones) a la técnica del moldeado libre. Esto implica que las situaciones en las que el perro no puede mirarme son frecuentes ya que necesita concentrarse en un objeto o se halla en un ángulo desde el cual no puede verme. En estas circunstancias el clícker es una herramienta ideal para mí que garantiza la clara comunicación. Ahora bien, para sacar el máximo partido de esta herramienta, sé que tengo que ser disciplinada: cuido de no hacer ningún movimiento visible con las manos al clickar para garantizar que sea un marcador exclusivamente auditivo. Después de hacerlo sonar, espero hasta que el perro conecta visualmente conmigo y le entrego el premio en posición frontal.

En el mundo del adiestramiento canino sólo conozco a dos entrenadores que utilizan una palabra como marcador de conducta con buenos resultados. Lo que les diferencia de otros que tratan de hacer lo mismo en balde es que son disciplinados y pronuncian la palabra con un tono homogéneo.

Sin embargo, lo más frecuente es que los entrenadores que deciden utilizar una palabra como marcador ("yes" por ejemplo) la pronuncien con distintos tonos, abran los ojos, agiten las manos o muevan la cabeza mientras lo hacen. Como efecto de estas señales visuales, el perro tratará de estar viéndolos todo el tiempo. Aunque no es una estrategia totalmente inservible, tiene la grave limitación de obligar al aprendiz a mantener un contacto visual continuo.

Otro tipo de marcador es una señal para iniciar el juego, por ejemplo "Cógelo", que libera al perro de la conducta previa para que "cace" un juguete. De nuevo se trata de una señal acústica que suele acompañarse con otra gestual.

Todos los puentes se condicionan de la misma forma, emparejando el marcador con el reforzador incondicional, es decir, ofreciendo el reforzador incondicional después del secundario. Como con cualquier otro ejemplo de condicionamiento clásico, la capacidad evocativa del puente disminuirá si no se respeta el emparejamiento.

Un aspecto que quizás desees explorar es la posibilidad de asociar diferentes puentes para diferentes tipos de reforzadores. Cuando dices "Cógelo", el perro inmediatamente se activa para jugar volcando su atención hacia ti si tienes el juguete. En el otro extremo del espectro puedes asociar el "Bravo" con una caricia lenta, lo cual será útil a la hora de enseñar al perro a relajarse con vistas, por ejemplo, a recibir tratamiento veterinario o a premiarle por su comportamiento cooperativo durante una sesión de peluquería. Personalmente recurro a un silbido cuando necesito un marcador largo para señalar la interacción. En resumidas cuentas, al optar por un abanico de puentes logramos reflejar en ellos el valor emocional de los respectivos reforzadores a los que preceden.

Reforzadores múltiples

El juego es probablemente el mejor ejemplo práctico de reforzador múltiple. Jugar es una conducta común a todos los animales jóvenes, pues sirve para que aprendan las habilidades que necesitan a través de la práctica. Los cachorros han de jugar con todo aquello respecto a lo que precisan aprender: otros cachorros, perros de distintas complexiones, gatos y, en algunos casos, otras especies. Recuerdo que una vez crié un borreguito y le gustaba jugar con los perros. Por supuesto el perro también ha de jugar contigo en todos y cada uno de tus estados de ánimo. Idealmente incluso planificaría interacciones lúdicas entre el perro y personas con diferentes grados de destreza en el juego para que aprenda un amplio repertorio de juegos educativos, tanto delicados como rudos, pero siempre adecuados.

Un juego puede ser cualquier actividad a condición de que ambas partes disfruten de ella y sea beneficiosa para el desarrollo a largo plazo. Recuerdo que tuvimos un cliente con un cachorro de perro de presa que le hacía daño en las manos al morder. Lejos de cambiar de juego, el cliente tomó la decisión de seguir interactuando de la misma forma con el perro, pero poniéndose unos guantes de motorista. Seguramente no hay necesidad de explicar los desastrosos resultados de su falta de sentido común: al perro le costó mucho aprender a inhibir la mordida incluso con estados de activación bajos. Cuando practicaba cualquier juego y su nivel de excitación subía, volvía indefectiblemente al primer aprendizaje y mordía sin ningún autocontrol.

Los juegos con sus congéneres son muy reforzantes para el perro. En el trascurso de los mismos aprende no sólo la correcta inhibición de la mordida, sino también la adecuada utilización de muchas conductas instintivas. Aprende, por ejemplo, dónde morder con mayor efectividad, cómo evitar ser mordido en lugares sensibles, cómo girar, equilibrarse y hacer palanca para obtener los máximos resultados. Aprenden también a apaciguar conflictos, lo rápido que es necesario moverse y las debilidades de sus rivales. En definitiva, el juego entre pares proporciona una constante interacción, activación y el toque de pimienta de quién gana y quién pierde la partida. Cuanto más juega un perro, más aprende. Además, si sólo sacias esta necesidad una vez a la semana, te darás cuenta que te resulta casi imposible ofrecer actividades que al perro le gusten más. ¿Por qué habría de abandonar el cachorro el juego que tanto le divierte con otros perros para sentarse y recibir ese premio barato que sabe a cartón?

Cuando seas tú quien juegue con un cachorro o un perro adulto, recuerda que tienes que establecer reglas claras y firmes sobre lo que está prohibido. No pasa nada; con las acciones permitidas podréis pasarlo en grande. Además, no olvides que con tus pulgares oponibles puedes hacer las delicias del perro lanzando pelotas. El juego permite no sólo la práctica de conductas instintivas, sino la continua interacción contigo y disfrutar de la excitación y camaradería que emergen de divertirse y aprender juntos. Y, por supuesto, también el granito de pimienta que le da el conseguir batirte.

4 Construcción y mantenimiento de las conductas

Ten en cuenta que cuando quieras cambiar una conducta establecida necesitarás dos cosas:

1. construir una conducta deseada alternativa, y
2. desmontar la conducta que quieres eliminar.

En este capítulo te enseñaré la primera parte, es decir a construir las conductas que quieras y a planificar su mantenimiento, para que puedas mantener su robustez y disfrutar de un nivel de calidad estable. Abordaré la segunda parte del plan en el Capítulo 6 que tratará específicamente sobre modificación de conducta.

Siempre que sea posible, y no siempre lo es, debemos recurrir a la estrategia del aprendizaje sin errores. Para ello lo fundamental es controlar el ambiente de forma que las grabaciones sean limpias. Esto permitirá establecer los cimientos de la conducta a través de repeticiones libres de errores y apuntalarla con una alta tasa de refuerzo. Gradualmente, a medida que el perro adquiera competencia y entendimiento sobre la conducta, podremos reducir la tasa de refuerzo.

No hay una regla general respecto al número de repeticiones necesario para poner los cimientos de las conductas. Algunos comportamientos requerirán un número de repeticiones diez veces superior. En cambio, para otros se podrá empezar a reducir la tasa de refuerzo enseguida. Lo esencial es que no haya una pérdida de calidad de la conducta cuando disminuyas los reforzadores. En caso contrario, deberás volver a tasas de refuerzo altas que aseguren el aprendizaje sin errores. Si tienes dudas, recuerda que es mejor reforzar de más que de menos.

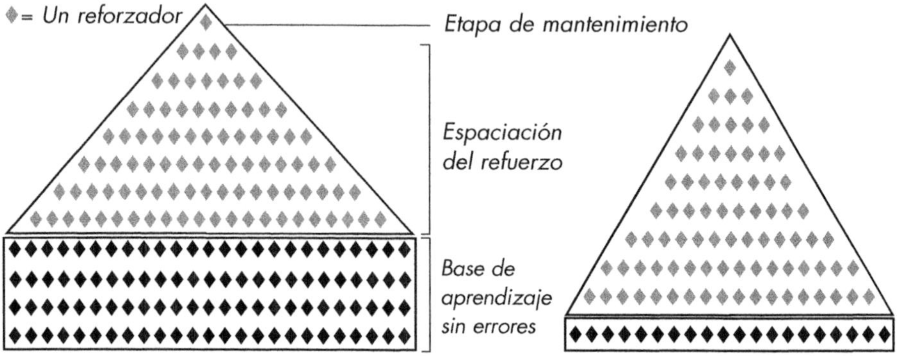

Con el trascurso del tiempo las conductas que has logrado enseñar al cachorro con facilidad, como la consistente en caminar a tu lado, pueden experimentar cambios. Estos cambios son producto del propio crecimiento del perro con los consiguientes cambios de prioridades. Para afrontar este reto, deberás recalibrar los reforzadores. La única forma objetiva de medir si el refuerzo que estás dispensando es suficiente, consiste en observar si la conducta se mantiene, o aumenta en fuerza y/o frecuencia. No tomes decisiones basándote en lo que tú crees que es suficiente o con lo que tú crees que el perro "debe" sentirse recompensado.

Las conductas se rigen por la formula ABC previamente comentada en el Capítulo 3.

> **A**ntecedente: la señal, el estímulo que dispara el comportamiento. Pueden ser estímulos externos (como una palabra tuya, un sonido, un lugar en el que el perro haya tenido malas experiencias) o internos (tener la vejiga llena, estar somnoliento o tener hambre)[19].
>
> **B**ehaviour (la conducta): es la respuesta del perro que, en puridad, suele consistir en un conglomerado de varios comportamientos.
>
> - Una carrera hacia la ventana ladrando.
> - Mover las posaderas hacia el suelo mientras mira hacia arriba y mueve la cola.

19 Véase la nota al pie 10, en el Capítulo 3.

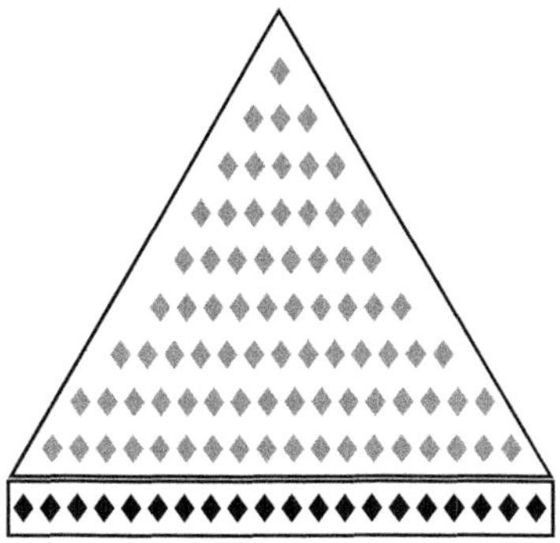

Respecto a la conducta ya aprendida se pueden reducir los reforzadores hasta un nivel de mero mantenimiento.

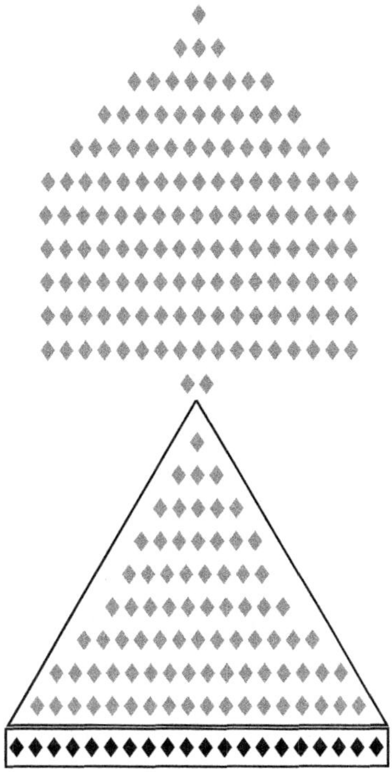

Sin embargo, cuando acontezcan cambios ambientales o cuando la fisiología del perro se vea alterada, será necesario volver a subir el nivel de refuerzo para evitar que el comportamiento se deteriore.

- Mostrar un lenguaje corporal agazapado.
- Hipermetría (andar como pisando huevos).
- Llevar las orejas hacia atrás.
- Deambular por el jardín en busca del lugar apropiado para defecar.
- Buscar un lugar cómodo y seguro para hacerse un lecho.
- Salir a cazar.
- Tratar de abrir la puerta de la despensa una vez más.

Consecuente (también llamado postcedente): un reforzador si la conducta tuvo éxito y un castigo en caso contrario.

Cuando construimos conductas, resulta esencial tener las ideas claras acerca de los elementos que ocuparán cada letra de esta fórmula ABC.

ANTECEDENTE: empezamos utilizando varias técnicas a modo de antecedente, pero con el trascurso del tiempo introducimos una señal que en adelante funcionará como el estímulo discriminativo.

> Cuando entrenamos la conducta higiénica de un cachorro sabemos que querrán hacer sus necesidades tan pronto como se levantan, poco después de comer y después de ciertos comportamientos que nos sirven como indicador: al parar de jugar o al empezar a cazar por la casa.
>
> Cuando están enfrascados en alguna actividad que les resulta excitante, el "apretón" les puede sorprender a ellos mismos. Sin embargo, en el 90% de las ocasiones es sencillo anticiparse. Denominamos "precursores de la conducta higiénica" a estos antecedentes consistentes en lenguaje corporal que sistemáticamente precede a dicho comportamiento. Su identificación permite predecirlo y, con el tiempo, transferir el control de estímulo sobre el mismo a una señal verbal de nuestra elección (p.ej., "Date prisa" o "Limpio"). Mi forma de introducir la señal es decir la palabra elegida en el momento que sitúo al cachorro en el área de aseo.

CONDUCTA: ha de ser definida de una forma clara, desmenuzándola en pequeños fragmentos. No es buena idea tratar de enseñar conductas complejas sin dividirlas. Los mejores resultados se obtienen enseñando conductas simples que luego pueden agruparse hasta formar laboriosos complejos.

> Nuestro objetivo a largo plazo puede ser que el cachorro aprenda a utilizar un área determinada del jardín como aseo. A una edad temprana será incapaz de avisarte sobre cuándo necesita aliviarse, de encontrar la puerta de salida o de recordar el lugar designado. ¿Cómo debemos empezar entonces?

Lo primero es aprender a reconocer los precursores de la conducta, es decir, el patrón conductual que sigue el perro cuando necesita defecar. A continuación le cogemos en brazos, le decimos la palabra que queramos utilizar en adelante como señal para esta conducta, le llevamos al lugar designado y le depositamos en el suelo. Cuando haya terminado de hacer sus necesidades le daremos un premio. No cometas el error de interrumpirle mientras está en plena faena ya que promoverás que se alivie sólo en parte y vaya dejando una ristra de excrementos.

CONSECUENTES: Para asegurar una buena elección, determina qué reforzador puede resultar efectivo para esta situación, qué reforzador complementa la conducta en cuestión, qué reforzador sería inadecuado y cuál es más práctico.

Para reforzar la conducta higiénica adecuada, opto por utilizar comida que pueda guardar a temperatura ambiente. Esto me permite almacenarla cerca de la puerta, garantizando que tendré fácil acceso a la misma cuando me haga falta. En todo caso, si alguna vez me quedo sin premios utilizo atención y mimos como reforzadores. Algo que nunca hago, aunque esté nevando, es echar al cachorro fuera y volver yo dentro.

Uno de los retos más importantes al que nos enfrentamos es identificar los precursores de la conducta, ya que esto nos permite trabajar sobre la base del entrenamiento sin errores.

Otra cuestión crucial es cuándo debemos introducir la señal definitiva, verbal o de otro tipo. Este paso debe darse cuando la conducta esté bien establecida, de forma que no quepa errar, y el perro la emita de forma fluida y predecible tras el estímulo discriminativo. Llegado ese momento, es ventajoso transferir el control de estímulo a una nueva señal por varios motivos:

- Permite pedir la conducta en otros ambientes distintos.

- Permite separar la conducta de otros antecedentes iniciales.
- Permite encadenar conductas combinando las conductas simples.

Por último, conviene ser previsor y pensar en la utilización práctica que daremos a la conducta que hemos moldeado: en qué ambiente la necesitaremos, qué distracciones habrá presentes y cómo es previsible que la conducta vaya cambiando.

Ejemplos

Puede que tengas la fortuna de compartir tu vida con un perro que tenga una buena comprensión de las conductas que expondré a continuación. Sin embargo, tras la lectura del capítulo anterior, habrás empezado a ver el mundo con nuevos ojos, por lo que en lugar de saltarte esta sección, me gustaría que aprovecharas la lectura de los siguientes ejemplos para comprender cómo la utilización planificada y cuidadosa de los reforzadores contribuye a construir conductas fuertes y fiables.

Cómo enseñar al perro a dar un golpe con la pata a tu mano

DESCRIPCIÓN EXACTA DE LA CONDUCTA

El perro golpea con su pata la palma de nuestra mano. Dado que enseño esta conducta sentada frente al perro, me gusta que toque mi mano derecha con su pata izquierda, o mi mano izquierda con su pata derecha. Ahora bien, puedes moldear la conducta al revés para que el perro cruce la pata derecha para tocar tu mano derecha y viceversa.

PROYECTO DE FUTURO PARA ESTA CONDUCTA

Quiero que el perro dé la pata a cualquiera que ofrezca la palma de su mano en la posición designada como señal gestual.

¿CÚAL ES EL ANTECEDENTE INICIAL QUE UTILIZARÉ?

Tratar de conseguir la comida escondida en la mano semicerrada.

¿CUÁL SERÁ EL ANTECEDENTE QUE QUERRÉ UTILIZAR A LARGO PLAZO COMO ESTÍMULO DISCRIMINATIVO?

Decir "Hola" y ofrecer al perro la palma de mi mano completamente abierta.

¿CUÁL SERÁ EL REFORZADOR QUE UTILIZARÉ PARA ROBUSTECER LA CONDUCTA?

Comida.

¿CUÁL SERÁ EL REFORZADOR A LARGO PLAZO?

La reacción espontánea de la persona que le ha pedido la conducta.

Siéntate en el suelo frente a tu perro que estará también sentado. Coloca un premio en tu mano y ciérrala un 80%, de forma que el perro pueda olisquear la comida y trate de obtenerla con la lengua. Ofrece tu mano derecha con el dorso hacia abajo y frente a tu pierna derecha.

Anima a tu perro para que olisquee reforzando el comportamiento con la comida. Para ello, cuando el perro olisquee, abre tu mano como si tuviera un resorte. Repite cuatro o cinco veces la misma operación. A continuación, espera un poco más y refuerza al perro por cualquier esfuerzo adicional, sobre todo si recurre a la pata para ayudar a su nariz. Incrementa el nivel de dificultad de forma muy gradual. Pide sólo un poco más de esfuerzo, o el mismo nivel de esfuerzo mantenido durante más tiempo. Haz unos 20 ensayos en el curso de una sesión de entrenamiento y descansa.

Es raro que el perro no trate de utilizar la pata para abrir el puño. Si esto ocurre, puedes fomentar la conducta poniendo un trozo de comida en el suelo y tapándolo con un recipiente de plástico. La mayoría de los perros tratarán de utilizar sus patas cuando experimenten una pequeña frustración a la hora de obtener la comida.

Repite la conducta de tocar el puño casi cerrado con la pata correspondiente unas 50 veces con cada mano, asegurándote de que el perro toca con la pata correcta. Si observas que insiste en utilizar una sola pata, vigila que no bascule el peso del cuerpo sobre la pata cuyo uso quieres fomentar. Para ello bascula tu peso hacia la izquierda del perro (tu derecha) si quieres fomentar que utilice la pata derecha.

Una vez que el perro toque con la pata de forma fiable tan pronto presentes el puño con comida, haz lo mismo pero sin comida. Asegúrate de tener la comida preparada en la otra mano (escondiendo la mano que hace de despensa detrás de la espalda) para poder hacer una entrega ágil. Apenas el perro toque la mano vacía (cuya apariencia es exactamente la misma que cuando contenía comida), marca la conducta con el clícker o un "muy bien" y deposita la comida de la despensa en la mano que ha tocado para que el perro la consuma.

Es importante que la mano que da la señal, la semicerrada, sea la misma con la que entregas el reforzador al perro. De lo contrario el perro aprenderá a concentrarse en la mano que hace de despensa.

Haz 20 ensayos de este ejercicio. A continuación puedes empezar a abrir la mano que da la señal poco a poco hasta que tengas la palma completamente abierta. Llegados a este punto, habrás transferido el control de estímulo desde el señuelo dentro de la mano hacia el simple gesto de tu mano abierta. Con ello, la comida habrá pasado de ser un señuelo a ser un mero reforzador.

Durante los siguientes 200 ensayos trabaja la transición desde la posición de estar sentado en el suelo frente al perro a estar de pie completamente erguido. Si tu perro es pequeño, puede que tengas que inclinarte un poco. Practica con las dos manos el mismo número de ensayos. Sólo una vez que la conducta sea fiable y hayas completado la transición desde la posición de estar sentado a estar de pie, habrá llegado el momento de introducir la señal verbal "saluda" junto antes de ofrecerle tu mano.

Si deseas que el perro emita la conducta con independencia de la persona y del lugar, necesitarás al menos otros 1000 ensayos contigo en distintos ambientes, empezando por los alrededores. A continuación, invita a personas que el perro ya conoce para que repliquen exactamente tus movimientos en ambientes ya conocidos.

Esta conducta es un buen ejemplo de algo que el perro elige hacer de forma voluntaria para obtener un reforzador, comida por el momento. El perro no sólo aprenderá a tocar tu mano con la pata, sino que aprenderá acerca del aprendizaje, la experimentación, y desarrollará su capacidad de memorizar aquello que funciona.

Por otra parte, esta conducta también constituye un buen ejemplo de las consecuencias a las que puede llevar el aprendizaje con errores. Puede que tengamos suerte y consigamos el toque con la pata tal y como lo queremos. Sin embargo, es muy probable que moldeemos una especie de torta con la pata, arañarnos o una conducta consistente en extender la pata de forma dubitativa. En estos casos la única forma de erradicar estos errores es evitar reforzarlos. El inconveniente de este sistema es que proporciona poca información al aprendiz sobre lo que puede hacer para obtener el reforzador. Si observas con atención, aprenderás a reconocer los primeros signos de que el perro va a emitir la conducta de una forma incorrecta. Retira tu mano, pero refuérzale por haber dado la pata. Con este compromiso continuamos reforzando la parte de la conducta que nos gusta –dar la pata–, al tiempo que extirpamos la parte que no queremos reforzar, la forma del contacto.

Si has pasado por esta lucha para tratar de obtener un comportamiento con una determinada forma, la práctica del ejercicio propuesto de dar la pata te ayudará a crecer como instructor. Te motivará también a identificar con más cuidado las situaciones que permiten un aprendizaje sin errores.

Cómo enseñar a un cachorro a no perder el control mientras saluda

DESCRIPCIÓN EXACTA DE LA CONDUCTA

Mantenimiento de una posición, ya sea de pie o sentado, durante el saludo. Mantenimiento del autocontrol por parte del aprendiz, aunque albergue ciertas expectativas y experimente niveles moderados de activación.

PROYECTO DE FUTURO PARA ESTA CONDUCTA

Se trata de una conducta de base para muchas circunstancias que requieren autocontrol, como en el momento de presentarse a quienes nos visitan. Debe funcionar incluso si en ocasiones el perro no obtiene refuerzo del invitado.

¿CÚAL ES EL ANTECEDENTE INICIAL QUE UTILIZARÉ?

En este caso se trata de emplear el contacto con las manos para evitar que el perro salte.

¿CUÁL SERÁ EL ANTECEDENTE QUE QUERRÉ UTILIZAR A LARGO PLAZO COMO ESTÍMULO DISCRIMINATIVO?

Una persona diciendo "Hola", contacto ocular directo, hablar en voz alta y con cierto grado de excitación, ofrecer el dorso de la mano al perro para que olisquee (me pregunto quién inventaría esto), la entrada de gente en la casa, reunión con el perro tras la noche, y reunión después de un periodo de ausencia.

¿CUÁL SERÁ EL REFORZADOR QUE UTILIZARÉ PARA ROBUSTECER LA CONDUCTA?

Comida, montones de premios, y también caricias y contacto si resulta calmante y placentero para el cachorro.

¿CUÁL SERÁ EL REFORZADOR A LARGO PLAZO?

En el caso de personas neutras emocionalmente para el perro, comida dispensada por los invitados. Cuando sean personas muy queridas, atención de su parte. Si se trata de personas a quienes no les gustan los perros o no quieren que éstos les toquen, utiliza comida, pero dispénsala tú mismo.

Ten en cuenta que la excitación del perro suele reflejar la tuya. El cachorro se contagia de tus emociones, y su nivel de activación se refuerza cuando conectas con él y le prestas atención. Si no cuidas este transvase emocional, puedes terminar fácilmente con un perro de nueve meses que da vueltas como un satélite en órbita cuando llegan visitas a casa.

En lugar de alimentar ese proceso, trata de prevenirlo y sé constante en esta determinación. Cuando le hables al cachorro, no lo hagas con excitación ni alces la voz. Mantén asimismo un lenguaje corporal tranquilo y pon las manos a su altura. Ten en cuenta que si le ignoras, el cachorro probará diversos operantes como saltar para tratar de alcanzar tu cara o tus manos.

Si tu cachorro no lleva collar, pon las manos en cualquiera de sus hombros y ráscale con las uñas. En caso de que el cachorro no desee contacto físico, coge premios y prémiale a su altura con una alta tasa de refuerzo: apenas consuma un premio deberás entregarle el siguiente. Es mucho mejor ofrecerle veinte premios de pequeño tamaño que uno grande que tarde mucho tiempo en consumir. Ahora bien, considera utilizar un premio del este tipo cuando debas concentrar tu atención en los visitantes.

Si tu cachorro lleva collar, contrólale con una mano pasando tu dedo pulgar por debajo del collar. Utiliza la otra mano para acariciar al cachorro. Puedes bloquear el codo de la mano de control para impedir que el cachorro salte y te golpee. Cuando estéis en la calle recurre a la estrategia de aparcar el cachorro para prevenir que alguien reciba un golpe en la cara[20].

Cómo enseñar a un perro joven a mantener el autocontrol en la puerta de la calle

DESCRIPCIÓN EXACTA DE LA CONDUCTA

Yendo de correa, cuando os dirijáis a la puerta, tu perro debe pararse y establecer contacto ocular contigo. Si no llevara

20 *Vid.* pág. 119.

correa, tu perro mantendrá la posición junto a la puerta hasta que la abras y le des luz verde.

PROYECTO DE FUTURO PARA ESTA CONDUCTA

Pedir educadamente, sin exigencias, la apertura de la puerta durante toda la vida. Esto permitirá que al llegar o partir de algún sitio el perro esté controlado. La misma conducta es fácilmente transferible a las entradas y salidas al coche o al trasportín.

¿CÚAL ES EL ANTECEDENTE INICIAL QUE UTILIZARÉ?

La conducta de sentarse o mantenerse de pie con control por la comida. Junto a ello, la prevención.

¿CUÁL SERÁ EL ANTECEDENTE QUE QUERRÉ UTILIZAR A LARGO PLAZO COMO ESTÍMULO DISCRIMINATIVO?

La propia puerta y el gesto de la mano al girar el picaporte.

¿CUÁL SERÁ EL REFORZADOR QUE UTILIZARÉ PARA ROBUSTECER LA CONDUCTA?

Premios.

¿CUÁL SERÁ EL REFORZADOR A LARGO PLAZO?

Acompañar al dueño al cruzar la puerta, algo especialmente valioso dado que implica acceder a reforzadores de diferente grado, desde ir a dar una vuelta a jugar en el jardín.

Lo ideal es enseñar esta conducta cuando el cachorro aún es ajeno a los placeres que se derivan del hecho de cruzar una puerta. Sin la anticipación de los reforzadores que encontrará al otro lado, éste no es más que un sitio neutro más.

Lleva al perro al umbral de la puerta y dale un trozo de la comida que lleves contigo. A continuación, estando el cachorro de cara a la puerta cerrada, pídele que se siente. Una buena forma de hacerlo es manteniendo tu espalda contra la puerta. Premia el "Sienta". Posteriormente, repite el mismo ejercicio cambiando de posición y poniéndote junto al cachorro. Haz muchos ensayos en esta posición. Después, pon tu mano en el picaporte. Si el cachorro no rompe la permanencia, prémiale. Si el cachorro se incorpora (algo que denota que ya ha probado las mieles de atravesar puertas), retira la mano del picaporte, espera diez segundos y vuélvele a pedir que se siente. Prémiale si lo hace a la primera.

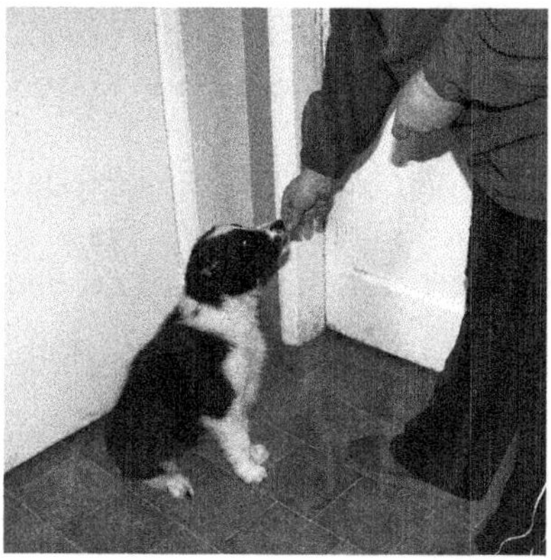

En el próximo ensayo, cuando vayas a coger el picaporte, interrumpe el movimiento a mitad. Si el perro rompe la permanencia, no le refuerces. Poco a poco vete completando el movimiento, pero siempre cuidando de no empujar el perro al fracaso. Planifica bien los sucesivos criterios, pero no introduzcas ayudas como sería advertirle de que no se tiene que mover. No es sólo que toda ayuda que introduzcas deberás desvanecerla más tarde, sino que desaprovecharías una gran oportunidad para que el perro aprenda por sí mismo. Lo que queremos es que el gesto de ir a tocar el picaporte se convierta en una señal que prediga la obtención de un reforzador cuando no se rompe la permanencia.

El paso siguiente consiste en empezar a girar el picaporte, pero sin llegar a abrir la puerta. Refuerza cada dos segundos por mantener el control. Después abre la puerta apenas dos centímetros y premia. Si crees que el perro puede empujar la puerta entreabierta para autorreforzarse, evita que suceda manteniendo una mano sobre la puerta. Sube el criterio de forma gradual hasta que puedas abrir la puerta sin que el perro pierda la posición. Evita utilizar la puerta para castigar (negativamente) las tentativas de cruzarla. A largo plazo esta estrategia sólo se muestra efectiva cuando la puerta puede cerrarse, y no siempre podrás.

La señal para que cruce la puerta será el que tú hayas cruzado. Puede que, si por la mañana aún hace mucho frío y no te apetece salir, te parezca ridículo el tomarse tantas molestias, pero ten en cuenta que se trata de un precio bajo a pagar por la adquisición de buenos hábitos que durarán toda la vida.

Si el aprendizaje del control en la puerta se solapa con el de la conducta higiénica –algo muy habitual–, coge al cachorro en brazos para llevarlo a la zona designada como aseo o asegúrate de que te sigue sin dilación, para evitar errores.

Si tu perro ya ha aprendido a salir por la puerta tirando de la correa, consulta el Capítulo 6 donde explico cómo llevar a cabo modificaciones de conducta.

El paseo juntos

Empecemos por describir la conducta con precisión. Mucha gente la define como "caminar con la correa floja", pero en realidad éste sería un efecto de la conducta que sirve de baremo para medir el éxito del entrenamiento. La conducta se define de manera más exacta como acompasarse a la velocidad del guía y permanecer a su altura.

Lo que observarás será que el perro se mantiene dentro de un área semicircular a tu lado. Debes reforzar con generosidad al perro cuando permanezca dentro del semicírculo. La habilidad que necesita adquirir el perro es la de concentrarse sobre nuestro paso y adaptarse al mismo.

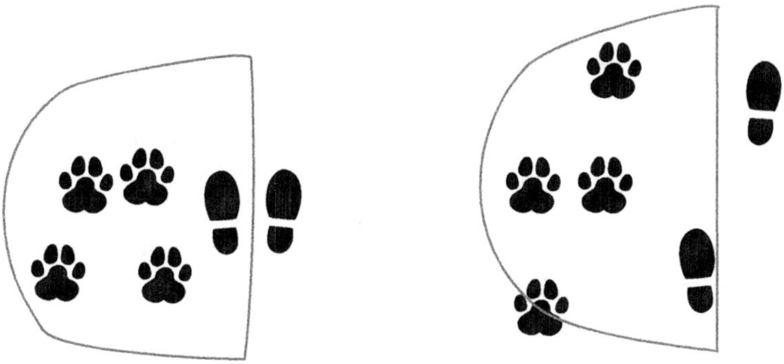

¿Para qué entrenamos esta conducta? Lo que queremos es poder caminar con el perro a un paso que sea cómodo para ambos, sin correr riesgos con el tráfico ni entrar en conflictos con otros transeúntes. También queremos que el perro camine hacia cualquier destino sin mostrar ansiedad por llevar a cabo conductas de marcaje. Es fundamental que el perro entienda esto para que aprenda la diferencia entre el paseo libre y los momentos en que le llamo a mi lado porque, dadas las circunstancias, se hace preciso un mayor grado de control.

Inicialmente uno de los antecedentes será la entrega de premios en el área semicircular, pero a largo plazo el principal será la velocidad de mi marcha y el contacto de la correa con el hombro del perro.

El reforzador mientras construimos la conducta será la comida entregada cuando el perro cumple con el criterio buscado. A largo plazo el reforzador será el hecho de continuar con el paseo y dar paseos largos en una gran variedad de ambientes.

El primer paso es acostumbrar al cachorro al collar y a la correa mientras utilizas la técnica de señuelo para que camine a tu lado. El entrenamiento puede empezar en casa y terminar en el jardín. Gracias al señuelo evitarás que el perro reciba accidentalmente tirones porque quiera curiosear alrededor. Hasta los cinco meses de edad conviene servir tres comidas diarias a los cachorros. De modo que mi consejo es que utilices una de ellas para enseñarle las habilidades básicas para la vida.

Para sociabilizar al cachorro es importante empezar a enseñarle el mundo. Para evitar largas caminatas poco recomendables para un cachorro, una posibilidad es llevarle en brazos. También puedes subirle al coche e ir aparcando en distintos sitios. Una vez que hayas aparcado, sitúa el cachorro en tu regazo y déjale otear por la ventanilla para que se vaya familiarizando con cada uno de los ambientes.

Lo primero que debes enseñarle es a llevar el collar y la correa. No progreses en el entrenamiento hasta que haya aceptado estas herramientas y responda positivamente a tu señuelo.

A continuación, utiliza el señuelo para colocarle en tu flanco. Cuida de hacerlo siempre en un único lado. La entrega puedes hacerla arrojando el premio un poco más atrás de forma que, al recuperar la posición, el cachorro ocupe la posición exacta de "Junto". Cuando retome esa posición, clicka y premia arrojando el reforzador atrás para invitarle a una nueva repetición. Enseña estas conductas en un ambiente sin distracciones, de forma que los reforzadores no entren en competencia con otros estímulos atractivos para el perro.

Para esta práctica haz tandas de 20 ensayos variando el ambiente de vez en cuando. Cuando repitas el lugar de entrenamiento, varía la posición en que te sitúas para favorecer la generalización de la conducta.

El cachorro debe coger el premio y correr para recuperar la posición que le indicas con el señuelo. Una vez que se muestre confiado podrás ir levantando el señuelo para que no te duela mucho la espalda de encorvarte. Una vez concluido este proceso, avanza un par de pasos y premia al cachorro por mantenerse en el área a tu lado. Cuida de no utilizar la correa para moldear la conducta; es sólo una medida de seguridad y a largo plazo una señal que indica al perro dónde situarse (en el punto que hace que la correa caiga sin tensión por su hombro).

Llegados a este punto puedes empezar a enseñar al perro el "Junto" de competición en el que el perro debe mantener el foco sobre tus manos. Otra posibilidad es enseñarle una conducta más relajada desde la que el perro pueda observar el ambiente al tiempo que mantiene la posición.

La segunda opción es más complicada de aprender para el cachorro porque requiere el aprendizaje de dos conductas simultáneas. Para moldearlas elige un ambiente con más distracciones y deja que, mientras el cachorro está a tu lado (ya sea sentado o de pie), observe el mundo a su alrededor. A mí me funciona bien ir con el cachorro a una zona turística repleta de olores. A intervalos de diez o veinte segundos, agáchate y dale un premio al cachorro por permanecer a tu lado. Si trata de alejarse, capta su atención con un señuelo e incrementa la frecuencia de reforzamiento para futuros ensayos. No boicotees tu propio entrenamiento eligiendo un ambiente en el que tus reforzadores sean de menor valor que las distracciones presentes. Por ejemplo, la clase de cachorros del barrio no es el lugar más adecuado para esta práctica porque el perro estará deseando relacionarse con otros y comenzará a frustrarse y a tirar de la correa.

Un cachorro tiene que aprender a gestionar las distintas situaciones que se dan en la vida cotidiana: algunas personas se acercarán para saludarle, habrá quien le quiera sacar fotos, y la mayoría pasarán de largo. Refuerza a tu perro por sentarse y permanecer quieto mientras un peatón pasa a su lado. Esta conducta puede parecer fácil, pero representa un gran reto para algunos cachorros cuya experiencia con las personas les lleva irrevocablemente a la interacción y a tratar de captar la atención. Ofrece varios premios a las personas que quieran saludar al cachorro y explícales que deben premiarle sólo si no tira de la correa y no intenta saltarles encima. No dejes que otras personas le maleduquen porque tu relación con él durará toda la vida del perro. Puedes pulir sus modales con sólo tres minutos de trabajo al día, así que reflexiona sobre la importancia de llevar a cabo este entrenamiento.

Cubierta esta parte del programa de entrenamiento, tendrás a un cachorro que tiene un historial de aprendizaje que respalda la concepción de la zona cercana a ti como un área donde consigue muchos reforzadores. Puede ocurrir que en un momento determinado el ambiente supere el valor de los reforzadores. Cuando esto ocurra, párate y espera a que el perro recupere el control de sí mismo antes de reforzarle. La mayoría de los cachorros probará a ir tras una hoja, una rana, los niños o cualquier otra cosa. Sin embargo, al no tener éxito volverá a tu lado y dejará de intentarlo. Jamás acompañes al perro en su carrera en pos de la distracción. Si lo haces, estarás fomentando toda una vida de tirar de la correa.

También sería útil que empezarais a practicar la conducta de aparcar para que podáis disponer de una conducta estática que impida que tire[21].

A los perros grandes conviene enseñarles a ir bien de correa cuando sus patas aún son cortas. De esta forma el perro aprenderá a ir al trote a tu lado sin que esto te obligue a correr. Para cuando crezcan deberás haberle enseñado bien el concepto de caminar a tu lado, para que sean capaces de ajustarse a tu paso modificando el suyo.

Mi consejo es que extremes tu diligencia en los primeros meses y no sucumbas a la excusa de hacer la vista gorda "sólo por esta vez". Recuerda lo que te he explicado sobre el aprendizaje por evento único. Si eres disciplinado hasta que el perro alcance su pubertad, es muy probable que disfrutes de un perro que no tira de la correa durante toda su vida.

En la adolescencia te parecerá que el perro ha olvidado la conducta. Mi consejo es que recurras a la estrategia de aparcar al perro y te busques un paisaje o persona que admirar mientras esperas a que el perro se calme. De modo que camina dos pasos y vuelve a aparcar al perro. A continuación, camina tres pasos y repite la maniobra. No es culpa del perro, sino de los cambios fisiológicos que le inducen a responder a estímulos sexuales y a volverse temporalmente egocéntrico.

No puedes pedirle que sea capaz de afrontar el pasear contigo, mantener la posición y digerir las amenazas a su masculinidad, todo al mismo tiempo. La evitación es una solución a este dilema.

Recuerda que debes estar pendiente del aprendizaje del cachorro en todo momento. Tu inversión inicial en entrenamiento durante la infancia –haciendo de cada paseo una oportunidad para comer– se compensará con intereses una vez que la tormenta hormonal amaine.

---

21 Ver página 119.

Aparcando al perro

Se trata de una conducta para proteger la integridad del perro y te será útil en cientos de situaciones. Previene muchas conductas indeseadas y te permite relajarte sabiendo que tu perro esta seguro y bajo control.

Para llevarla a cabo necesitas un collar de hebilla y una correa de por lo menos metro y medio de longitud. Coge el asa de la correa con la mano que tengas más alejada respecto al perro. Utiliza la mano que tienes libre para controlar al perro por el collar por la zona de la nuca. Deja que la correa caiga al suelo como si fueras a empezar a saltar a la comba y sitúa tus pies sobre ella.

Para perros de razas grandes y movidas es mejor pisar la correa con los dos pies separados con el fin de poder mantener el equilibrio. Para perros más pequeños o tranquilos, basta con un solo pie. Asegúrate en todo caso que tienes la correa bajo el metatarso (la bola detrás de los dedos del pie) para poder hacer presión de forma eficiente. ¿Cuánta correa hay que dejar? La suficiente para que, tanto tú como el perro, estéis cómodamente de pie.

Es muy importante que una vez situados en esta posición no interactúes con el perro, salvo que surja un problema de salud o seguridad. Si incurres en ese error, estarás abonando toda una vida de conductas para llamar tu atención por parte del perro.

La propia correa evitará que el perro salte. La presión ejercida en la nuca del perro será el estímulo que le hará saber que está aparcado. Puedes recurrir a esta estrategia cuando necesites hacer una llamada telefónica, atender algo, beber o charlar con una persona. También recurrimos a esta conducta como el estándar en las clases cuando quiero charlar con los propietarios sin interferencias, o cuando ellos quieren ver una demostración sin dividir la atención. Con unas pocas repeticiones, observarás cómo el perro reconoce el patrón y se acomoda en una posición que le resulte cómoda: algunos prefieren permanecer de pie, otros prefieren echarse y dormir, y otros se sientan o se recuestan sobre el guía.

Una vez me llamaron para que impartiera un taller de obediencia básica a un grupo compuesto de 18 Gordon Setters y sus respectivos guías. Los Gordon carecen inicialmente de cualquier concepto lejanamente parecido al autocontrol. Baste decir que el único estímulo en todo el Universo que les llevaría a quedarse quietos está recubierto de plumas y es comestible. Empecé la clase explicando la técnica para aparcar al perro y practicándola en una variedad de situaciones ambientales. Por ejemplo, estando aparcados me acerqué a los perros asegurándome de quedar fuera de su alcance para proteger la integridad de mi cara. Los perros recibieron un montón de reforzadores por mostrar autocontrol. Los más inexpertos de entre ellos se levantaron, pero gracias a la técnica estuve segura en todo momento. También hicimos otra práctica situando a los perros a una distancia razonable unos de otros. En esta posición les permitíamos mirar pero no acercarse a sus congéneres. Finalmente, eso al menos pensaban mis alumnos, practicaron la conducta de permanecer aparcados mientras otro perro paseaba con su guía arriba y abajo.

Estas prácticas ocuparon la mañana hasta la hora del café. Mientras preguntaba a cada uno de los guías lo que querían tomar, vi cómo se preparaban para ir a dejar el perro en el coche y disfrutar del café. Me negué en rotundo, les dije "sólo podéis dejar el perro en el coche cuando tengáis que ir al aseo". Así que todos mis alumnos tomaron su café mientras seguían practicando la conducta de aparcar al perro. Reconozco que es difícil relajarse con un Gordon a tu lado si tienes una taza de líquido ardiente en la mano. Sin embargo, por la tarde, a la hora del té, la habilidad de los guías se había desarrollado hasta tal punto que no sólo fueron capaces de disfrutar del té con el perro aparcado a sus pies, sino que incluso se atrevieron con un trozo de pastel. Es un hito digno de admiración para quienes conocemos la raza.

Mantenimiento de conductas

Los perros se esfuerzan muchísimo para acomodarse a nuestro estilo de vida. Renuncian a un sinfín de placeres a cambio de compartir nuestras vidas. Un requisito importante para cultivar nuestra sociedad con ellos es reconocer los pequeños y grandes sacrificios que ellos hacen. Dicho reconocimiento debe ser hecho de una forma que el perro pueda apreciar. No se trata de comprarle un collar nuevo, algo que en todo caso es un reforzador para el guía, sino de proponerle una actividad placentera y que le motive.

LOS SACRIFICIOS DE TU PERRO INCLUYEN:

- Aceptar tus interrupciones cuando está recopilando información de un conejo, un zorro o el labrador del vecino que vive unas casas más abajo. Los olores interesantes son análogos a viejos periódicos. Suelo criar una camada de cachorros una vez al año, por lo que utilizo un montón de periódicos durante seis semanas. Como no suelo tener tiempo para leer el periódico, pido los antiguos a los amigos. Cuando cambio los periódicos me sorprendo a mí misma leyendo artículos de hace semanas que a veces interrumpe el típico desastre higiénico dejado por un cachorro.

Aún recuerdo lo frustrada que me quedé cuando, habiendo leído la mitad de un reportaje, encontré que la segunda mitad era indescifrable. Trata de imaginarlo: Apenas has leído los titulares de algo que te interesa mucho y en ese momento te llaman o tiran de ti hacia delante con una correa. ¿No es de veras irritante?

- Imagina ahora que te encantaría echarte una siesta al sol, pero que de acuerdo a las reglas de la casa sólo se te permite hacerlo en tu camita que han colocado en la sombría habitación de los trastos. ¿No es para llorar?
- Llegan invitados y te contagias del revuelo del resto de la familia que se afana en limpiar y ordenar la casa: debe tratarse de todo un acontecimiento. Sin embargo, sólo puedes compartir esta excitación de forma indirecta porque te encierran para que no ensucies lo que se va limpiando. Lo único que querrías es estar con el resto de la familia porque parece algo divertido. ¿Por qué no te dejan participar?

Debes aplicar un programa de refuerzo variable para el mantenimiento de las conductas que facilitan tu vida cotidiana y que suponen renuncias por parte del perro. Una vez al mes compro un corazón de buey en la carnicería y lo aso. Es el premio preferido de mis perros y excede con creces el valor de los reforzadores que les ofrezco a diario. A veces cuando preparo carne asada guardo el jugo de la carne y lo reservo para empapar los premios que coloco en juguetes cognitivos. Otros días que hace mucho calor congelo tiras de tripa de cerdo y se las ofrezco como si fueran piruletas para perros. A diario utilizo reforzadores como galletas o premios secos. Ligeramente por encima en calidad se encuentran los trocitos de salchicha y las carnes en lonchas que utilizo para las sesiones de entrenamiento.

CONDUCTAS QUE MERECEN ATENCIÓN Y APRECIO:

- Responder a la primera llamada con un movimiento hacia lo que quiera que estés indicando: entrar o salir de casa, entrar en una habitación determinada, bajarse del sofá, etc.

- Responder al propio nombre, pero no así entrometerse ni armar barullo si no se le ha nombrado. Esperar su turno para entrenar, comer o coger premios.
- Esperar sentado y controlado hasta que le pongan la correa o el arnés.
- Entrar a su trasportín cuando nos vamos en coche. Esperar callado cuando me acerco al coche, en lugar de armar barullo sacando la cabeza por la reja.
- Entrar a casa, en lugar de correr a lo largo de la valla del jardín.
- Apartarse cuando bajo las escaleras con la cesta de la ropa sucia.
- Tumbarse tranquilamente por el jardín mientras trabajo, veo la televisión o leo.

El intervalo de refuerzo que aplico, varía. En los días que las cosas van sobre ruedas les premio por todas y cada una de las conductas. Puede que no les ofrezca comida en cada ocasión, pero sí les hago una caricia o les rasco detrás de la oreja dependiendo de sus preferencias personales. Variar entre reforzadores de alto valor y de menor valor (p.ej., una agradable forma de dar las gracias) hace más por el mantenimiento de las conductas que premiar siempre con el mismo tipo de reforzador. Ahora bien, para el cachorro que se halla en la fase de aprendizaje, siempre dispongo de reforzadores de alta calidad.

Nunca des por supuesta la buena conducta. Cuando hayas trabajado duro para modificar una conducta, te darás cuenta que es mucho más sencillo trabajar para mantener lo que quieres que suponer que se mantendrá inalterado.

5 Intervalos de refuerzo y comportamientos encadenados

El entrenamiento del perro es algo más que entrenar a un perro. ¿Qué quiero decir? Que para convertirnos en buenos entrenadores debemos adquirir habilidades excepcionalmente buenas que nos permitan estar a la altura de la capacidad de aprendizaje de los perros.

Ellos no tienen libros de consulta, no toman apuntes ni se valen de comités consultivos, pero en cambio se acuerdan perfectamente que cuando te pones esa chaqueta tienes los premios en el bolsillo, y que el movimiento de tus manos hacia esos premios significa que van a obtener un reforzador.

¿Cuántas repeticiones les ha llevado aprender eso? ¿Dos? Pueden aprender incluso con una sola en el caso del aprendizaje por evento único. De modo que, para ir un paso por delante, necesitas estar realmente atento. Piensa en cuando el perro lleva a cabo una conducta que deriva accidentalmente en la obtención de un reforzador. Confías en que el perro no estuviese atento a cómo sucedió, pero si ocurre dos veces consecutivas, tienes un problema: es consciente.

En una ocasión, estaba mirando a los perros en el jardín mientras disfrutaban de sus huesos. El más joven de entre ellos estaba bastante alejado de los otros, cerca de la puerta del jardín. Tessie ya se había terminado el suyo y se fijó en algo más allá de la puerta que requería una carrera con unos cuantos ladridos; probablemente unos cuervos en el comedero de las gallinas. El joven se asustó al ver a Tessie correr hacia él y, sin esperar a ver qué iba a hacer, se escondió debajo del seto. Tessie aprovechó la coyuntura para quedarse con el hueso. En la siguiente comida necesitó apenas dos segundos para otear el jardín a su alrededor y repetir la exitosa táctica. A partir de entonces, para evitar que se repitiera, cambié la forma de darles de comer.

Piensa en un cachorro adorable al que no puedes dejar de acariciar. Imagina que ese bombón se dirige corriendo hacia ti y te salta encima lleno de entusiasmo. Con la alegría que desprende resulta muy difícil no corresponderle emocionalmente. Quizás piensas "¡Ups, tengo que pedirle un sentado! Pero, apenas se sienta, le felicitas y los dos saltáis uno sobre el otro para compartir vuestra alegría. ¡Ups y doble ups!

Seguramente siempre has pensado que si actúas de acuerdo al doble principio consistente en reforzar las conductas deseadas e ignorar las no deseadas, todo se arreglará. Por ejemplo, ese salto que el perro da para saludarte con entusiasmo y alegría simplemente se extinguirá. ¿En qué planeta vives? ¿De veras piensas que es tan sencillo? Quizás dentro de dos años, cuando veas que sigue saltando con entusiasmo, dejes de pensar que la conducta va a desvanecerse y empieces a pensar que está fijada.

Analicemos el principio por partes empezando por la pauta consistente en "ignorar la conducta no deseada". En la práctica este consejo es muy eficaz en el manejo de conductas que no van a recibir reforzador alguno. Es ideal para momentos de ansiedad en los perros jóvenes.

Por ejemplo, cuando el perro ve por primera vez cómo el viento mueve una bolsa de plástico enganchada en un seto, y observas como empieza a sentir ansiedad, debes obviar ese comportamiento, a menos que veas que el perro escala hacia una reacción de huida. En esos momentos el perro joven necesita orientación e información y tú se la das al no mostrar ningún tipo reacción: la bolsa no es una amenaza y no representa molestia alguna. Si interaccionas con el cachorro, incluso con una actitud del tipo "tranquilo, no te preocupes que no muerde", estarás reaccionando y las reacciones de las personas pueden actuar como reforzadores. Sin darte cuenta puedes acabar enseñándole a buscar cosas frente a las que reaccionar para captar de este modo tu atención.

Cuando me siento a la mesa a comer, puede que el cachorro se acerque buscando atención. Suelo dispensársela, pero con una excepción.

Cuando estoy sentada con los brazos apoyados sobre la mesa le ignoro completamente. Cinco minutos más tarde empujo la silla hacia atrás para relajarme y esta vez su búsqueda de atención tiene éxito. De esta forma aprende a discriminar la diferencia en mi lenguaje corporal. La conducta de búsqueda de atención se extingue cuando no es el momento apropiado y se refuerza cuando estoy abierta a la interacción. Puede llevarle más de un par de intentos antes de que su habilidad de observación se agudice pero, gracias a esta estrategia, todos mis perros adultos dejan a los comensales tranquilos mientras comen. En resumen, he ignorado las conductas no deseadas asegurándome de que dichas conductas no reciban ningún otro refuerzo.

Supongamos que, mientras reclamaba atención, el cachorro hubiera tirado del mantel haciendo caer toda la comida. Estarías en tu derecho de soltar algún improperio y rezar para que no realizara la conexión entre el comportamiento y el jackpot que representa la lluvia de comida. Si sucediera, lo mejor sería retirar el mantel para evitar que experimente hasta conseguirlo de nuevo e incluso cambiar el lugar donde comes. De forma análoga, ten en cuenta que el comportamiento de subirse en busca de comida a la encimera se fortalece porque aleatoriamente tiene éxito. Por tanto, no dejes comida sobre la encimera.

Imagina ahora que el cachorro salta buscando tu atención mientras estás comiendo. Acto seguido le pides que se siente y le premias con un trozo de comida ¿Acaso confías en que no lo vuelva a hacer? Tener comida a mano no es un buen motivo para reforzar, no sólo la posterior conducta de sentarse sino también el primer comportamiento de saltarte encima. ¿Adivinas qué pasa si el perro tan solo se sienta? Ni te darás cuenta, así que lo más probable es que el perro aprenda a saltarte encima para después sentarse. Lo que refuerzas es lo que obtienes.

Estaba en casa de unos amigos que tienen un Carlino adorable al que evidentemente otros invitados le habían dado comida de la mesa. A los miembros de la familia no les pedía comida, pero a los invitados sí. Llevo años pensando qué podemos hacer los amantes de los perros para evitar que nuestros "amigos" saboteen nuestras pautas educativas. ¿O acaso este sabotaje les refuerza? ¿No has notado que cuando tus invitados saben que estás interesado en la educación canina buscan todas las formas posibles para que tu perro parezca un gamberro?

En fin, el caso es que el encantador Carlino empezó a hacer ruiditos con la nariz pidiendo atención, cada diez segundos subía el volumen. Había ensalada en el menú, así que al poco tiempo un trocito de cebolla[22] se había escurrido hasta mi mano y se lo ofrecí. Esa experiencia se convirtió en un aprendizaje por evento único. Al día siguiente, tras consultar con la almohada, el Carlino pidió comida una sola vez a la invitada antes de desistir. La cebolla obviamente no fue reforzante, sino más bien un castigo positivo a la conducta de pedir. Probablemente fue algo más poderoso que el hacer caso omiso, ya que su previsión de recibir algo sabroso lo empujaba a ser cada vez más insistente. El ruido que hacía era realmente molesto, casi tanto como algunos cantantes de "Tú sí que vales". Por supuesto, mi respuesta fue acorde: Tú sí que vales y te prestaré atención, aunque puede que no sea la que tú querrías.

Es importante entender que el principio de ignorar el comportamiento no deseado sólo resulta eficaz cuando dicha conducta no tiene conexión con el comportamiento deseado. En cambio, cuando el comportamiento deseado se origina a partir del no deseado, ambos pasarán a formar una cadena en la que el perro emitirá el primero para abrir la ventana de oportunidad de llevar a cabo el segundo.

22 ADVERTENCIA IMPORTANTE: Los compuestos sulfurados presentes en alimentos como cebollas y ajos resultan tóxicos tanto a perros como a gatos pudiendo causarles anemia hemolítica que se revela en el oportuno análisis. Entre los alimentos comunes tan sólo las uvas y las uvas pasas resultan más tóxicos que la cebolla, habiéndose encontrado que la ingesta de siete uvas puede causar fallo renal en algunos perros. *Vid.* Eldredge, Carlson, Carlson y Giffin, *Dog Owner's Home Veterinary Handbook*, 4ª. Ed (2007), pág. 34. Nota del traductor.

El comportamiento deseado conduce a la obtención de múltiples reforzadores.

El comportamiento no deseado se ignora, es decir se deja sin respuesta.

Sin embargo...

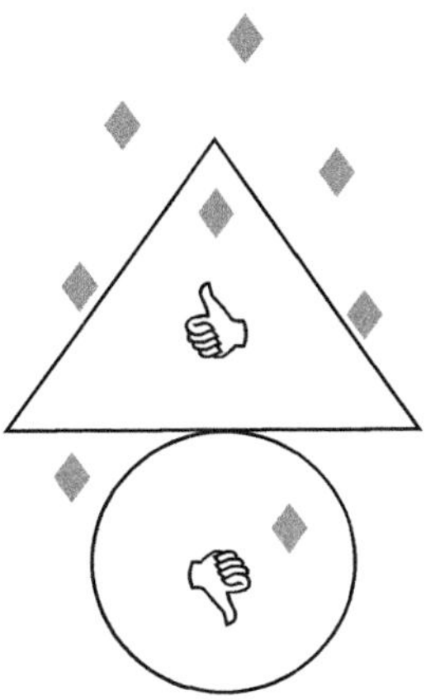

Cuando al comportamiento no deseado sucede a un comportamiento deseado, reforzando el segundo también reforzamos el primero.

Cadenas de conductas[23]

Los comportamientos que se suceden de forma inmediatamente consecutiva pueden llegar a encadenarse. Una ilustración de este fenómeno es el ejemplo del epígrafe anterior del perro que saltaba encima del guía y al que luego le pedían que se sentase. La realidad es que cuando se premia al perro por

23 La autora utiliza aquí el término "cadena" en un sentido lato. En puridad, cuando existe una señal antes de cada uno de los comportamientos se trataría de una secuencia, en lugar de una cadena. En una "cadena" *stricto sensu* cada conducta provee el estímulo discriminativo para la conducta subsiguiente y, al igual que en la secuencia, sólo la conducta terminal resulta en la entrega del reforzador primario. Nota del traductor.

haberse sentado en respuesta a la señal, se está reforzando la cadena de la que forman parte ambas conductas, la deseada y la no deseada.

¿Cómo se llega a esta situación? Puede que hayas ignorado al perro por sentarse antes de que empezara a recurrir a saltarte encima para llamar la atención. En efecto, esto merece que te des a ti mismo una bofetada mental.

Otra posibilidad es que el perro no sepa sentarse sin saltar primero. En tal caso, puedes enseñarle fácilmente a sentarse por un premio. Cuanto más practiquéis, más rápido comenzará a convertirse en una conducta altamente reforzante, ya que anticipará los premios como comida, paseos o caricias, con los que suele venir acompañada. De esta forma la señal "sienta" acabará por convertirse en un reforzador secundario de forma análoga a lo que ocurre con el sonido del clícker.

El perro salta encima del guía y éste le da la señal "Sienta" con la esperanza de librarse del mal comportamiento. Esta estrategia es equivocada. Pese a pretender lo contrario, el guía captura la mala conducta con la señal que actúa a modo de reforzador secundario para, acto seguido, premiarla al recompensar al perro por sentarse. Recuerda en este sentido que el reforzador secundario es un puente que conecta la conducta con el reforzador primario, y que las señales pueden convertirse en reforzadores secundarios.

Suelo ver muchas cadenas de este tipo "comportamiento incorrecto/comportamiento correcto". Cuando adviertas una de estas secuencias, analízala, identifica cuál es el reforzador que busca el perro y separa los comportamientos.

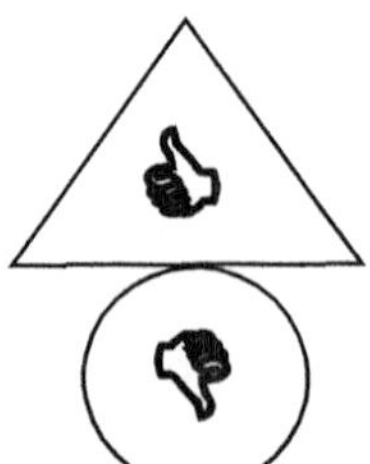

Esta combinación se ve reforzada convirtiéndose en una cadena.

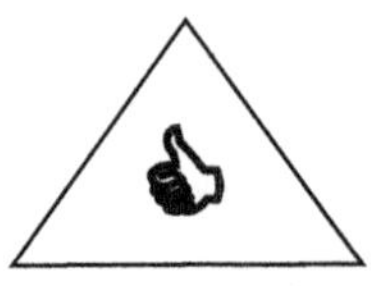

¿Estás seguro de que el perro sabe hacer esta conducta de manera aislada?

PASEO CON CORREA AL ESTILO YO-YO

¿En qué consiste esta "modalidad deportiva"? El perro va hacia delante hasta tensar la correa, te paras. El perro vuelve a tu lado, consigue un premio. Vuelves a andar y se repite el mismo patrón.

Un elemento en común de todos los paseadores Yo-Yo es la discrepancia entre la zancada del perro y el paso de la persona. Kent y yo podemos pasear al mismo paso, pero con su madre, Mabel, no conseguía esta sincronía. Cuando Mabel caminaba, su velocidad era demasiado lenta, pero en cambio su trote era demasiado rápido para mi marcha. Cuando era joven alternaba entre esos dos aires, caminar y trotar. Era una amalgama que marcaba un ritmo desigual, pero de esa forma demostraba una fina comprensión de la esencia de caminar juntos de correa: se adaptaba a mi velocidad evitando tirar. En su etapa de anciana usé una correa extensible, lo cual le permitía dar unos pasos y después esperarme. Esta correa flexi demostró ser una herramienta útil para este caso; una perra mayor que sabía perfectamente cómo adaptarse, pero a la que le costaba ir a mi paso y que además estaba sorda como una tapia.

La cuestión es que si el guía refuerza al perro por caminar a su lado sólo después de que el perro haya abandonado esta posición y vuelto a ella, obtendrá exactamente esa conducta: abandonar la posición para así poder recuperarla y lograr el reforzador. La estrategia de entrenamiento correcta es premiar al perro por mantener la posición trabajándolo como una conducta de duración.

EL PERRO AGREDE Y, ACTO SEGUIDO, PRESTA ATENCIÓN

Los guías refuerzan esta cadena de forma muy habitual al sentirse aliviados de que la agresión o cualquier otro comportamiento no deseado hayan cesado.

Un perro espía a otro en clase o en la calle, conducta que le hace más aprensivo. Los perros son muy buenos mandando mensajes amenazantes a distancia. Cuando tu perro capta el mensaje, reacciona, se "enciende" y protesta contra quien le ha mandado la amenaza. Este comportamiento suele desencadenar una conducta por parte del guía del tipo: "Ssssshhh, no seas malo", que en realidad debe leerse como "deja de avergonzarme". Esta reacción emocionalmente cargada por la vergüenza del guía es interpretada por el perro como un apoyo a su conducta hacia el perro amenazante. Puede que el guía consiga interrumpir los ladridos durante unos segundos, por lo que una sensación de alivio recorrerá su cuerpo y empezará a darle reforzadores como comida y atención. Esta combinación rápidamente se convierte en un patrón.

REPETIR LAS SEÑALES, INSISTO UNA VEZ MÁS...

Repetir las señales también puede convertirse en un patrón conducta errónea / conducta buena. Da igual si es un perro de trabajo o un perro de familia, una señal es una señal, y si el perro consigue el reforzador cuando repites dos o tres veces la señal, estás construyendo un patrón que en breve se convertirá en la norma.

Funciona de la siguiente manera: El perro oye la primera señal, pero espera a la segunda –que probablemente se pronunciará con un tono más elevado– para responder y conseguir el reforzador. No argumentes que eres afortunado de que haya emitido el comportamiento, aunque hayas tenido que repetir la señal. El alivio que experimentas al conseguir algún tipo de resultado es un refuerzo negativo, pero no puede convertirse en el eje de esta situación. De modo que haz lo que quieras. Si quieres argumenta que no te oyó la primera vez, pero por ese camino pronto necesitará "no oírte" cinco veces antes de atender a la señal.

En otras palabras, al reforzar la respuesta extemporánea por parte del perro, refuerzas también su conducta de ignorar la señal. Se trata de un patrón genérico fácilmente transferible a todas las señales del repertorio conductual del aprendiz. Por tanto, si necesitas un perro que en una situación crítica se siente a la primera sin dudarlo, sólo debes reforzarle cuando atiende a las señales para bajarse del sofá, echarse en el suelo o ir a su colchoneta a la primera. No esperes que el perro se adapte a diferentes estándares de exigencia en las distintas ocasiones.

Evitar repetir las señales es especialmente importante cuando el primer comportamiento emitido por el perro ha sido incorrecto. Anota y observa cuál es el comportamiento alternativo que ofrece. De esta forma podrás detectar el desarrollo de patrones conductuales.

Supón, por ejemplo, que das la señal "tumba" y el perro se sienta. A continuación, vuelves a repetir la señal "tumba", el perro se tumba y consigue un premio. ¿Qué patrón crees que habrá aprendido el perro? En efecto, has reforzado una secuencia consistente en responder a la primera señal "tumba" con un sentado y luego con un tumbado para así obtener el premio. En definitiva, has reforzado la respuesta incorrecta por lo que habrás construido un patrón de comportamiento incorrecto/correcto.

EL "JUNTO" PARA COMPETICIÓN

Imagina que estás trabajando un junto para competición y, cuando el perro se aleja de la posición, le das la señal. El perro responde acercándose y le premias. Si esta secuencia se repite de forma habitual, comprueba que no hayas creado un patrón incorrecto/correcto. Puede haber empezado a suceder porque has dejado de reforzar al perro por mantener la posición correcta y, en el curso de un aprendizaje por evento único, el perro descubrió accidentalmente que si se alejaba te despertabas, le dabas la señal de "Junto" y él recibía un premio. Son listos, ¿verdad? Otra posibilidad es que te tuerzas en lugar de caminar en línea recta y seas tú mismo quien, sin querer, hayas alejado al perro.

Fusiones (comportamientos simultáneos)

Los comportamientos que ocurren de forma simultánea también quedan atados entre sí cuando son reforzados. A esta unión de dos o más comportamiento simultáneos la denominamos "fusión".

Por ejemplo, uno de los primeros comportamientos que solemos enseñar en nuestras clases de clícker es el consistente en saludar con la pata. Este comportamiento se enseña desde el sentado, dado que es la posición más cómoda para poder realizar esta acción. Cuando se clicka y se premia el movimiento de la pata también se está reforzando el sentado. Esto explica por qué, meses más tarde, cuando al perro se le pide la pata, primero se siente aunque no se lo hayamos pedido.

El refuerzo aprovecha a todas las conductas que han sido fusionadas, no sólo a la parte a la que prestamos atención. De hecho, la fusión es un fenómeno del que podemos sacar partido. Ahora bien, si tiene lugar de forma no premeditada, puede resultar muy duro desligar los diversos comportamientos.

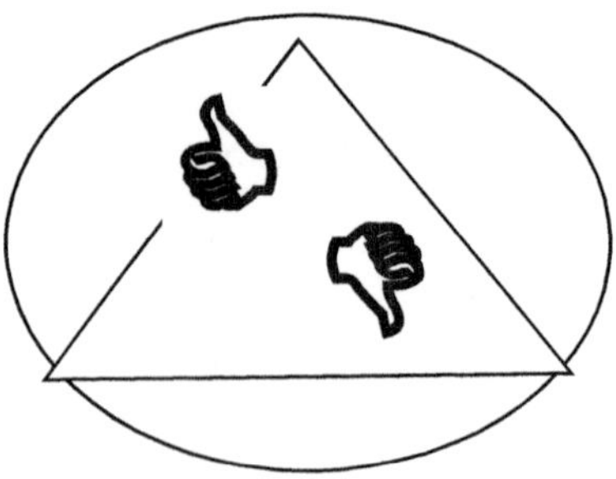

Para evitarlo, si no quieres que el comportamiento se quede vinculado con el sentado o cualquier otra posición, debes asegurarte que durante el período de aprendizaje refuerzas al perro por emitir un lenguaje corporal variable con el resto del cuerpo. Prémiale, por ejemplo, por saludar con la pata desde un sentado, desde la posición de tumbado, de pie, acostado etc.

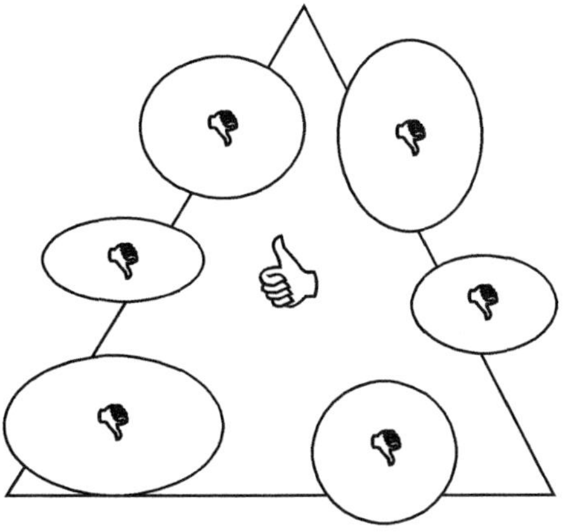

Para evitar la fusión empareja la conducta que tratas de moldear con lenguaje corporal variable de las otras partes del cuerpo del perro. De esta forma el comportamiento buscado se convierte en el factor común a todos los ensayos y recibirá el mayor grado de refuerzo.

COMPORTAMIENTOS COMUNES QUE SUELEN FUNDIRSE:

- El estado de excitación y saltar a la gente.
- Excitación y ladrar.
- El junto sólo en uno de los dos lados.
- Sentarse frente a ti.

Puedes planificar la fusión de algunos comportamientos como, por ejemplo, un sentado para colocar el collar y la correa, o que se siente en un lugar específico a la hora de darle la comida. El éxito dependerá de tu consistencia para pedir que sucedan los dos comportamientos antes de dispensar el reforzador. No seas autoindulgente y comprende que al hacer excepciones a estas pautas debilitas la fusión.

UUUPS

Cuando usas reforzadores para el aprendizaje, mantenimiento y modificación de comportamientos, habrá ocasiones en las que el perro cometa un error. Te aseguro que ganarás al perro en número de errores cometidos. Sin embargo, ten en cuenta que el perro algunas veces se olvidará, otras estará despistado, algunas verá una amenaza o una oportunidad de la que tú no te has dado cuenta y será incapaz de cumplir con tus deseos.

El manejo de estas situaciones es de vital importancia. Tienes que ser capaz de comunicar al perro que el comportamiento ofrecido no merecía un reforzador, pero que no le estás castigando (negativamente) a él, sólo el comportamiento.

Como explicaré en los siguientes párrafos la señal que utilizo es la onomatopeya "uups". Sé cuidadoso con ella porque si la malutilizas, el perro dejará de intentar encontrar el comportamiento correcto. Si necesitas repetir estas marca de ausencia de refuerzo dos veces consecutivas, significa que vas un paso por delante de donde deberías estar. Vuelve a planificar la progresión en el aprendizaje para que el perro gane confianza, no para que la pierda. Te llevará apenas un minuto y tiene un valor incalculable para la autoestima del perro.

El "uups" es sólo una respuesta que indica que no ha habido suerte esta vez. Con él le propones al perro que vuelva a intentarlo. Se trata de una estrategia únicamente efectiva en situaciones en las que se trabaja con reforzadores; el guía los ofrece y el perro los espera. Además, da también por supuesto que el comportamiento se construyó de forma correcta y se ha practicado hasta alcanzar fluidez en el mismo. Jamás debería ser utilizado para enseñar un comportamiento ya que sólo indica que es lo que NO debería hacerse. Por tanto, no indica al aprendiz lo que buscamos. Debería servir para provocar que vuelva a pensar dejando intacto el entusiasmo para volver a intentarlo. Es decir, debe llevar a una respuesta por parte del perro del tipo "¿Puedo probar otra vez?", en lugar de un "No tengo ni la más remota idea de lo que quieres ni de qué puede significar esa señal."

Trabajes o no con clícker, cuando el perro espera información en forma de reforzador, el silencio y la falta de respuesta funcionan como un castigo negativo. Así ocurre cuando enseñamos una conducta mediante la técnica de moldeado libre; reina un silencio continuo sólo intercalado por los reforzadores ya que nos limitamos a observar las diversas tentativas del perro. Intentar averiguar lo que hay que hacer para conseguir los reforzadores puede ser bastante emocionante para los perros, pero ten en cuenta que cada individuo tiene un nivel de tolerancia a la frustración distinto. Para aumentarlo construimos el interés en la resolución de problemas en los perros jóvenes empezando por cosas sencillas e incrementando la dificultad de forma paulatina sin que ellos lo noten. Este grado de resiliencia es un buen indicador de que sus habilidades están mejorando. Ten en cuenta que, en el curso de este entrenamiento, nuestro lenguaje corporal "le habla" al perro reaccionando cada pocos segundos con un reforzador o concentrándonos en su aprendizaje.

Sólo una vez que hemos construido el comportamiento y potenciado al aprendiz podemos progresar a la fase final introduciendo la marca de ausencia de refuerzo. De esta forma, cuando el perro no responde a la señal, en lugar de enfrentarle a un silencio ambiguo recurro al "uups" y con frecuencia agrego la frase "no te has ganado el plátano esta vez" para acto seguido reírme relajadamente.

El timing de la marca de ausencia de refuerzo es importante. No puedes quedarte mirando al perro con las cejas arqueadas y expectante para, cinco segundos más tarde, advertir que no va a hacer el comportamiento y espetarle un "uups". Cuando se le da la señal de "tumba" y realiza correctamente la conducta, tu respuesta es inmediata. No hablo de la entrega del reforzador, pero sí del marcador de conducta, ya se trate de un clícker, una expresión facial o una señal para emitir otro comportamiento. En cambio, ¿qué comunican cinco segundos de silencio? Incluso si el perro respondiera intentando alguna otra cosa –lo cual diría mucho en favor de tu forma de entrenar–, ¿estás seguro de querer reforzar el eventual comportamiento correcto? ¿Acaso no estarías construyendo un patrón incorrecto / correcto, o quizás enseñando al perro a hacer todos los comportamientos que sabe hasta acertar con el que te hace feliz?

Tan pronto como pronunciamos el "uups" es importante resetear al perro antes de volver a empezar. Si en el siguiente intento falla de nuevo, no sólo tendrás que resetearle, sino que deberías reconstruir el comportamiento a partir del plan de entrenamiento reflejado en tu hoja de toma de datos para refrescar la comprensión por parte del perro.

La información clara es reforzante ya que elimina del perro, confusión, inseguridad y la pesada carga de tratar de entendernos.

CÓMO SOLUCIONAR PATRONES INCONSCIENTES

A veces pienso que sería una buena inversión tener una cámara que nos siguiera durante todo un día para poder ver la forma en que nos relacionamos con nuestros perros. Es difícil reconocer errores en los que estamos involucrados. Sólo podemos detectarlos cambiando de punto de vista; la cámara nos revelaría el lenguaje corporal que somos incapaces de apreciar en el momento que sucede.

Puede que tras la lectura de este libro hayas tomado conciencia de que incurres en patrones de conducta incorrecta / conducta correcta, como por ejemplo cuando tienes que llamar hasta tres veces a tu perro para que entre a casa a dormir. Si es así, me alegro porque estás adquiriendo una nueva visión. Es el primer paso y el más difícil. A partir de ahí, creo que serás capaz no sólo de romper ese hábito, sino también de empezar a detectar más a menudo la formación de estos patrones con el fin de evitar que se desarrollen.

Seguramente necesitarás llevar a cabo una modificación de conducta, y suprimir reforzadores para eliminar comportamientos asociados indeseados. En todo caso, lo más importante que debes hacer es eliminar la conexión entre la conducta deseada y la que no quieres. Esta intervención es muy efectiva en el inicio del establecimiento del patrón, pero no después de varias repeticiones.

La razón es que, en el último caso, el conglomerado de los dos comportamientos emergerá con más fuerza a causa del fenómeno conocido como "curva de extinción". Este fenómeno tiene lugar cuando una conducta que ha tenido un largo historial de refuerzo deja de tenerlo de forma súbita. La primera reacción siempre es un "perdón, probemos de nuevo". Acto seguido la reacción depende del grado de comprensión respecto al evento por parte del aprendiz.

Si, por ejemplo, acciono un interruptor y no consigo que se encienda la luz, no pruebo a darle más fuerte para que se encienda. La razón es que entiendo que, una de dos, la bombilla se ha fundido o se ha ido la luz. En cambio si el cortador de césped (que funciona a gasolina) no se enciende a la primera, volveré a tirar de la cuerda de arranque con todas mis fuerzas. En el pasado tuve éxito al arrancarlo tras varios intentos y puedo pensar que los primeros intentos sirven para que la máquina entre en calor[24]. Mi conducta de intentar arrancarlo tardará más en extinguirse, cosa que desde luego no me ayuda a pasar el cortacésped de forma relajada.

Cuando el cachorro salta para llamar la atención evito reaccionar de forma inmediata pidiéndole que se siente. Ahora bien, tomo nota de que él mismo corrigió su conducta: El cachorro prueba primero saltando y, acto seguido, sentándose. ¿Cómo respondo a esta cadena? Puede que me aleje y hable con otro perro, pero sin perder de vista al cachorro. Después de unos segundos durante los cuales el cachorro se ha mantenido sin saltar, capturaré la buena conducta dándole la señal para que se siente o premiándole directamente. Sé que es difícil ignorar ese precioso momento en el que ellos mismos corrigen su conducta. La primera vez lo reforzarás, y probablemente la segunda y la tercera, pero sé consciente de que si te encuentras haciéndolo regularmente, tienes un problema porque habrás establecido un patrón de conducta incorrecta / conducta correcta.

Busca siempre la prevención y el aprendizaje sin errores. Dispón las cosas de forma que el cachorro no pueda cometer errores para que puedas reforzarle por sus aciertos. Presta atención y sé el educador que tu aprendiz necesita que seas.

24 Otra importante variable no encubierta que entra en juego respecto a la topología de la curva de extinción es el intervalo de refuerzo aplicado sobre el perro en el curso del historial de aprendizaje de la conducta en cuestión. La curva de extinción será más acusada cuando dicho aprendizaje se ha hecho siguiendo un intervalo de refuerzo variable que cuando entró en juego un programa de refuerzo continuo. La mayor resistencia a la extinción se explica porque, merced al refuerzo discontinuo, el perro ha aprendido la conducta con deprivación del reforzador. Nota del traductor.

6 Modificación de conductas

Para cada situación en la que hay un comportamiento no deseado, hay un comportamiento alternativo aceptable. Tu primera tarea, y la más importante, es identificar cuál es esta alternativa. Normalmente tengo que recordar a mis clientes que ellos no quieren que su perro pare de ladrar, sino poder decir: "Gracias, buen trabajo". Los perros ladran para comunicarse. Si no consiguen comunicar, continúan ladrando.

Anoche Tessie amenizaba nuestra velada con un concierto de ladridos. Ladra a cualquier cosa que cruza el jardín camino de una arboleda cercana. Da lo mismo que se trate de un zorro, un tejón o un erizo, si en su opinión "no deberían estar allí". Si la dejo sola, los ladridos se pueden prolongar quince o veinte minutos, y por desgracia estaba charlando por teléfono.

Mis Collies ni se inmutan ante un animal salvaje que cruce por la zona y no muestran ninguna reacción a la "llamada a las armas" de Tessie. Al final de su vida Mabel, que estaba sorda como una tapia, tampoco contestaba. También su padre, que era suficientemente maduro para sopesar las distintas opciones disponibles, se quedaba cómodamente tumbado: ¿Qué prefiero la comodidad o respaldar a los ruidosos niños en el jardín? ¡Ja! ¡No hay color!

Así que parecía que era la única a quien le molestaban los ladridos, con la agravante de la pequeña pero inevitable irritación que surge de la necesidad de abandonar el confort del hogar, quitarte las zapatillas calentitas, ponerte el abrigo e ir hasta los confines del jardín.

Una vez alcanzada su posición, me contó lo que había pasado. Le di las gracias por su diligencia en defender el fuerte, pero le indiqué que su trabajo había terminado al avisarme. Por fin podíamos irnos a ver el resto de la película, de la cual me había perdido la parte más interesante por supuesto.

Con este panorama no es de extrañar que uno tenga la tentación de ponerse a gritar desde la puerta. Ahora bien, gritar a un perro que ladra sirve de muy poco. El perro puede interpretarlo de una de las siguientes formas:

- Verlo como un respaldo (y recuerda que la sincronización comportamental resulta reforzante).
- Un grito en la distancia del tipo "Ven a casa, tengo tu galleta favorita" también le puede llevar a entender: "Vale, Kay no quiere pasar frío, pero intentará sobornarme para que entre dentro de casa. Si, en lugar de ir, continúo ladrando, puede que el soborno aumente. Creo que voy a tener suerte hoy."

Otras opciones que algunos propietarios utilizan con regularidad son los cubos de agua y el lanzamiento de objetos. Sin embargo, al margen de consideraciones éticas, lejos de interrumpir la conducta, el perro los puede interpretar como un reto a sus habilidades de perro guardián y volver a la carga con más intensidad.

Ignorar el mensaje del perro y esperar a que el comportamiento no deseado desaparezca por sí solo puede resultar en una larga y ruidosa noche, tan irritante para ti como para tus vecinos. El perro puede pensar que tu falta de reacción significa que no te has dado cuenta ("quizás tiene la televisión demasiado alta" – piensa–), y seguir avisándote acerca de la persistencia de la amenaza. El ladrido cesará sólo cuando la amenaza haya desaparecido y los niveles de excitación del perro hayan vuelto a su estado normal. Por otra parte, en ese estado de activación el umbral de reactividad desciende y cualquier pequeño estímulo bastará para que vuelva a ladrar. ¿Recuerdas la sensación de alguna noche en la que oíste algún ruido extraño y después cada ruido que escuchabas te asustaba?

¿Qué hacer, pues? Si le oyes, debes hacérselo saber: "Mensaje recibido, tu trabajo ha terminado". Mientras el perro te acompaña a casa refuérzale con atención y premios. Para no fomentar un patrón de conducta del tipo "primero lo hago mal para después hacerlo bien y ganarme un premio", no le refuerces por dejar de ladrar, sino por la conducta posterior de acompañarte a casa. Después de un número sorprendentemente pequeño de repeticiones, podrás continuar con las zapatillas puestas y llamar al perro cuando ladra para que venga a buscar su premio.

No creo que la estrategia de prevenir el ladrido tuviera mucho éxito, ya que los estímulos desencadenantes son muchos y variados y están fuera de nuestro control. Lo que sí puedes conseguir es una reducción muy significativa de la duración de la alarma. Esta estrategia sólo es válida para las alertas leves o medianas. Si fuese una alarma seria, alguien que intenta entrar por la valla, no pretenderías ni querrías tener éxito en silenciarla.

Para ser capaz de modificar cualquier comportamiento, es imperativo ocupar una posición desde la cual podamos eliminar la posibilidad de que el perro obtenga reforzadores por la emisión de la conducta no deseada. A continuación ilustraré esta pauta general con varios ejemplos.

ESQUÍ ACUÁTICO POR LA ACERA FRENTE A CAMINAR JUNTOS

Puede que seas uno de esos guías que va haciendo esquí acuático en seco detrás de su perro. Analicemos la génesis del problema. ¿Quién enseñó a tu perro a tirar de la correa? Tú. ¿Cómo? Siguiéndole cuando era cachorro; era más fácil y tenías prisa por llegar.

Reforzaste este comportamiento y resulta éticamente inadmisible castigar al perro y utilizar herramientas de tortura para enmendar lo que has causado por desidia o por ignorancia. Sé que no optarás por esa vía tan cómoda como equivocada porque estás leyendo este libro y buscando soluciones no coercitivas. Puedes usar equipo preventivo como ronzales y arneses que incomodan al perro cuando tira, pero se trata de pura evitación y de esa forma renuncias a enseñarle a no tirar.

Reconocer que tu comportamiento ha reforzado la conducta de tirar de la correa del perro implica comprender que no puedes modificar la conducta del perro sin cambiar antes la tuya. Como ya he dicho, debes retirar el reforzador. Ahora bien, desde el punto de vista del perro, es mucho más fácil entender este cambio si utilizas una correa de una longitud mínima de un metro y medio junto con un collar de hebilla normal. Esto significa que renuncias definitivamente a utilizar collares de ahogo o cualquier otra cosa que pueda hacer daño a tu perro.

¿Por qué necesitamos una correa de al menos metro y medio de longitud? Lo más sencillo para el perro es establecer una diferencia neta entre la zona alejada del guía, donde no obtendrá reforzador alguno, y la zona próxima al guía donde sí reforzaremos. Las correas cortas enturbian esta línea divisoria haciendo más difícil al perro averiguar qué es lo que queremos.

Lo primero que el perro necesitará aprender es a caminar a nuestro paso[25]. Algunos perros se excitan tanto cuando salen a pasear, antici-

25 Encontrarás la forma de enseñarle esta conducta en las páginas 114 y ss.

pando la llegada al parque u olfateando y explorando los márgenes del camino, que los premios no resultan útiles. Si la conducta del perro no es influenciable por los premios, tendrás que pararte y quedarte quieto para detener el comportamiento.

Asegúrate que sujetas la correa de tal forma que cuando el perro tira, tus brazos no se mueven. Si tensa, debes evitar tanto dar un paso hacia delante como tirar tú de la correa. Mover el brazo cuando el perro tira resulta muy reforzante para él. Suelo sugerir a mis clientes que pasen la mano más alejada respecto al perro a través del asa de la correa, de forma que quede en la muñeca, y que sujeten la correa con la mano. Con la otra mano deberás coger la correa más o menos por el punto medio vigilando que no se cree tensión. Puedes hacer otro bucle y sujetarlo con ambas manos, cuidando de hacerlo a la altura de la cintura. La distancia entre las manos ha de ser lo suficientemente corta para prevenir que el perro tropiece con la correa cuando está a tu lado, pero no tan corta que el perro esté con la correa tensa incluso cuando se encuentre en el lugar correcto y camine a tu paso.

Quédate quieto con tus pies algo separados para ganar estabilidad. Si el perro intenta tirar, no reacciones, quédate quieto "como un árbol", de hecho más como un poste de cemento que no tiene flexibilidad ninguna. ¿Puedes visualizar qué hará un perro cuando advierta que está sujeto a un pilar inamovible? Intentará mover el pilar una o dos veces, pero se dará cuenta que es en balde y la conducta se extinguirá.

Desde luego seguiría tirando en situaciones en las que estuviera sobreexcitado o tuviera miedo, pero por el momento no debemos enseñar nada en tales situaciones, así que evítalas. Si temes que el perro pueda conseguir moverte, usa una correa extra atada a un pilar y quédate junto al perro con la otra, como si fueras tú el poste. Asocia la falta de éxito con tu determinación para no continuar reforzando este comportamiento.

Es sorprendente lo rápido que los perros analizan sus posibilidades de éxito con un tirón "de prueba". Evalúan si el guía está pensando en las musarañas o si es una persona con unas normas más permisivas. Incluso mi perro Kent, que nunca tira a menos que haya una emergencia, pone a prueba al guía sutilmente y puede empezar a tirar en menos de 60 segundos si éste suspende el examen.

En otras palabras, el primer paso de la modificación de conducta consiste en dejar de reforzar la conducta de tirar de la correa a través de tu movimiento. El perro observa un poste para oler, te tira hacia él y tú sigues avanzando. Has reforzado el comportamiento con una doble alegría para el perro: oler el poste y sacarte del camino.

Una vez que puedas quedarte quieto sin sufrir tirones, cuenta hasta cinco y después refuerza. Puedes escoger entre una variedad de opciones dependiendo de lo que pueda ser reforzante para el perro en ese momento. Le puedes acariciar, sonreírle y hablarle, darle un premio o dar un paso hacia delante. Para un perro que quiere llegar a un determinado lugar, avanzar un paso hacia ese destino es reforzante. Para el perro que desconoce el destino del paseo, el reforzador puede consistir en volver a conectar contigo o darle un poco de conversación. Para los perros que están aprendiendo aún a ir a tu lado, darás en el clavo si utilizas premios o caricias.

Sólo podremos seguir avanzando en nuestra modificación de conducta paso a paso si en cualquier momento podemos volver a la conducta de pararnos como un poste. Esto garantiza que el perro no obtenga reforzador alguno por tirar.

Para los perros sobreexcitados lo más apropiado es utilizar comida o una caricia como reforzadores, ya que de premiarles con un paso hacia delante, perderían el control adquirido. Ten en cuenta que antes de seguir avanzando el perro debe estar relajado y ocupar la posición junto a ti. Así que para los perros muy excitados aplica un protocolo consistente en dar un paso hacia delante, pararte y relajarle antes de seguir progresando. De lo contrario el movimiento hacia delante creará tal nivel de activación en el perro que impedirá el aprendizaje.

Deberás ser muy paciente para enseñar a caminar de correa y junto a ti a este tipo de perros. Recorrer el pequeño trecho desde la puerta de casa a la acera puede llevarte media hora, pero cada lección bien aprendida representa una inversión cuyos beneficios percibirás poco a poco. En cambio, si permites que el perro tire cuando sale por la puerta, ¿cómo harás para que no tire cuando prosigáis el paseo u os dirijáis al coche?

Asegúrate que has entrenado al perro para llevar a cabo la conducta de aparcar cuyo objetivo es enseñarle la inutilidad de tirar de una correa floja. Esta forma de enseñárselo es más respetuosa con tus brazos y tu espalda si tienes un perro grande[26].

La estrategia consiste en caminar a pequeños pasos, lo bastante lentos para que el perro no pueda empezar a trotar y sea consciente que está a tu lado de forma relajada y que se mueve a tu mismo paso. Es previsible que el perro incurra de nuevo en la conducta que estamos tratando de modificar. El número de recaídas dependerá de cuánto tiempo se le ha reforzado por ser un "tirador" y de su grado de activación en la situación de entrenamiento. Por tanto la clase será más productiva si la impartes en un ambiente neutro donde no haya marcas de orina de otros perros y que no esté frecuentado por otras especies animales. Puedes ir, por ejemplo, a un parking vacío.

Recuerda que, salvo con perros sobreexcitados, puedes usar el avance a modo de reforzador. De esta forma, el comportamiento de relajarse a tu lado estando bajo tu control se reforzará gracias al avance a un paso lento. Cuando más desee avanzar el perro, antes aprenderá a controlar su paso.

Con el tiempo serás capaz de aumentar la dificultad de los criterios. Empieza con el paseo lento colocando tus brazos en jarras. Más tarde, recurre a un paso lento y deja los brazos colgando a tu lado haciendo el movimiento natural de péndulo. Puedes culminar aumentando el paso hasta llegar al trote, siempre que te sientas cómodo con ello. Acuérdate que siempre que observes que el perro te sobrepasa, debes reposicionar tus brazos a la altura de la cintura y quedarte parado.

No caigas en la tentación de reforzar la autocorrección del perro: el perro va hacia delante, tú te paras, el perro cae en la cuenta de que está tirando y vuelve a tu lado. Si dejas que esto suceda y avanzas cuando el perro vuelve, estarás fomentando lo que he bautizado con el nombre de "paseo al estilo yo-yo"[27]. Para prevenirlo, acuérdate de insertar una pausa de cinco segundos una vez que el perro vuelve a tu lado y antes de continuar

26 *Vid.* pág. 119.

27 *Vid.* pág. 131.

avanzando. No dudes en introducir una pausa superior a estos cinco segundos si ves que el perro empieza a hacer el yo-yo. También puedes añadir una pausa de veinte segundos. Lo que debes entender es que no queremos reforzar la autocorrección, sino el no errar. Si reforzáramos la autocorrección, estaríamos induciendo al perro a errar para abrir la ventana de oportunidad que le permite acceder al reforzador autocorrigiéndose. Insisto una vez más, lo que refuerzas es lo que obtienes.

DISFRUTAR DEL JUEGO CON LOS AMIGOS FRENTE A "YA ESTÁ BIEN, HORA DE IRNOS A CASA"

Se trata de un ejemplo en el que la llamada del guía entra en conflicto con una distracción cuyo valor excede con mucho la oferta anunciada por obedecer.

La llamada es una conducta que preocupa a muchos guías. Para empezar me gustaría que evaluases si el perro tiene una buena comprensión y respuesta a la llamada. Mabel tenía el maravilloso hábito de girar la cara hacia mí cuando la llamaba: "Sí, ése es mi nombre, ¿y bien?". Me entrenó para ser perfectamente clara sobre lo que esperaba de ella ya que, en ausencia de esa comunicación, volvía rápidamente a sus quehaceres.

Un ejemplo de otro campo que me interesó mucho escuchar es el siguiente. Se trata de una analogía surgida del nacimiento de los procesadores de texto. Todos tenemos palabras que se nos "atraviesan" y que nos hacen fallar una y otra vez a la hora de mecanografiarlas. Si cada vez que cometemos el error, borramos la parte mal escrita y hacemos una corrección parcial, no aprenderemos a escribir la palabra bien nunca. El atajo termina por hacer el viaje más largo. Lo mejor es borrar la palabra completa y volverla a escribir.

Con esta técnica sigo cometiendo un pequeño porcentaje de errores, pero he mejorado enormemente mis habilidades mecanográficas. Al principio necesité aminorar la velocidad, pero a largo plazo la velocidad media ha mejorado, ya que invierto mucho menos tiempo corrigiendo errores.

Contesta con sinceridad a las siguientes preguntas que te voy a formular:

- Cuando estáis en casa, ¿tu perro responde si le llamas desde otra habitación?
- ¿Responde siempre tu perro a la llamada cuando la empleas en el jardín?

Responder a la llamada significa venir siempre. Esto es incompatible con conductas del tipo "vengo en un minuto cuando termine lo que estoy haciendo". Desde luego, si están haciendo sus necesidades, tienen que terminar antes de venir. Sin embargo, incluso en esa situación, te será posible observar que ya están concentrados en la siguiente actividad consistente en ir hacia ti. En otras palabras, no tienen que terminar ese interesante artículo que están leyendo, excavar un agujero o perseguir a los pájaros antes de atender a la llamada.

"Venir hacia ti" se define como aproximarse a un paso razonable y concentrándose en el objetivo. Es decir, es incompatible con pararse a mirar escaparates por el camino[28].

Si no puedes contestar de forma afirmativa y con seguridad estas preguntas, robustece el historial de refuerzo de la llamada en situaciones cotidianas. Debes hacer esto ANTES de que el perro aprenda que si ignora tu señal, te quedas "vendido": de pie indefenso sin poder hacer nada mientras tu perro va de escaparate en escaparate.

Para mejorar la llamada en el propio domicilio, ya sea en la casa o en el jardín, asegúrate de no repetir la señal. Debes decirla una sola vez, con una voz clara e informativa para el perro acerca de tu objetivo. Empezamos con este ejercicio en las clases de educación temprana enseñando al cachorro a coger comida de la palma de la mano un premio cada vez. Una vez que el cachorro está realmente interesado en el juego se puede utilizar su propia ración de comida dividiéndola en pequeñas

28 Obviamente con la expresión coloquial "mirar escaparates" la autora hace referencia al comportamiento del perro consistente en pararse a explorar estímulos salientes (distractores), en lugar de llevar a cabo la conducta solicitada por su guía.

porciones. Utiliza el nombre del perro y una palabra de tu elección ("ven aquí", "ven" o "aquí") como señal.

Esta asociación tiene que ser fuerte y durar toda la vida. Si tu cachorro llega una cuantas veces y te encuentra con las manos vacías, quedarse fuera o sestear al sol tendrá más encanto que una mano vacía o una palmadita en la cabeza. Ten en cuenta que la llamada será muchas veces una conducta que vaya en contra de los instintos. Por ejemplo, regresar a tu lado será una segunda opción cuando está pasando algo mucho más interesante. Si a los perros de Paulov les hubiesen dejado de dar comida cada vez que sonaba la campana, ¿cuánto tiempo más crees que habrían salivado? El condicionamiento por asociación comienza a desaparecer muy rápido. En el caso de la llamada, el interés de la conducta alternativa también aumenta muy rápidamente, todo lo cual resulta en la extinción de la conducta de acudir a tu llamada.

A diario damos de comer a nuestros perros en varias ocasiones. ¿Por qué no aprovechar esta oportunidad para entrenar la llamada? Lo que yo hago es repetir antes de la comida la frase "Mabel (sustituir por el nombre de tu perro), aquí". Es un buen hábito que no cuesta nada mantener toda la vida. Gracias a ello crearemos un tipo de respuesta refleja: el perro acude sin reflexionar si le conviene atender a tu llamada a cambio de una galleta seca o seguir en la verja del jardín viendo a los transeúntes.

Empieza con esta asociación y úsala tanto como te sea posible a lo largo del día. Deja un bol con premios al lado de la tetera o de la cafetera y cada vez que la máquina se ponga en marcha aprovecha para entrenar. Pronto tu perro sabrá cuándo estás llenándola con agua.

Si el perro no responde, bajo ningún concepto repitas la llamada. Estarás tentado de ser bondadoso y excusarle porque no estaba escuchando. Asegúrate de usar un volumen adecuado para eliminar esta eventualidad, de forma que el "no me ha oído" sea una excusa, nunca una razón genuina. Si no consigues ninguna respuesta, debes acercarte a la posición del perro, dejarle oler el reforzador, y volver a tu posición inicial. Si aun así no consigues repuesta, significa que al perro le resulta más reforzante lo que está haciendo que tu oferta. Mejora tu reforzador, enséñale la pelota, el juguete o una comida irrechazable.

Mis alumnos siempre me preguntan si los propietarios deberán utilizar siempre premios para mantener la llamada. La respuesta es afirmativa: Sí, en efecto, necesitarás utilizar reforzadores SIEMPRE si quieres mantener esta conducta esencial con un buen nivel de calidad. Ahora bien, llegados a este punto habrás aprendido a identificar la oportunidad de usar cualquier cosa que tu perro encuentre reforzante para practicar la llamada, el control o la conexión entre vosotros.

Si a tu perro le gusta el coche, llámale para subir al coche. Aprovecha si a tu perro le gusta subir al piso de arriba por la mañana, o sentarse a tu lado en el sofá o venir cuando es la hora de la comida. Son todas ocasiones válidas para que el perro asocie la conducta de venir con la obtención de un reforzador. Por ejemplo, a todos mis perros les encanta la peluquería. Cuando saco la caja de los cepillos y la pongo en la mesa, los perros vienen a la mesa y corren alrededor excitados. Les voy pidiendo que suban uno a uno y esto me da ocasión de practicar la llamada. La distracción la procura el juego entre ellos mientras esperan su turno. Este juego con congéneres es probablemente una de las distracciones más fuertes que existen.

Una vez que hayas llevado la llamada dentro de casa al máximo nivel de calidad, puedes empezar a introducir las distracciones: por ejemplo, dejar lo que esté haciendo para volver hacia ti. Ahora bien, asegúrate de estar en una situación donde puedas recordarle al perro que hay un reforzador disponible. La llamada a dos metros de distancia puede ser estimulada por el olor de la comida. En cambio, a una distancia superior puede que el perro no vea las manos ni huela los premios. Si quieres una llamada con una respuesta fiable en el jardín, saca la cena del perro al jardín y divídela en diez porciones practicando en todas sus zonas. El historial de refuerzo debe estar a la altura de las dificultades ambientales. En cambio, si el perro sólo aprende a tener esta conducta en la casa, la conducta sólo será fiable dentro de casa.

Cuando sueltes al perro en entornos nuevos, utiliza una correa larga y ligera. Nunca utilices la correa para tirar del perro hacia ti, sólo para prevenir que se vaya muy lejos. Cuando empiece a volver hacia ti, la correa ya no será necesaria y podrás prescindir de ella.

El uso de las correas necesita ser planificado con cierto conocimiento. Un aspecto muy relevante es el peso, que puede oscilar entre el de un hilo de cometa y la cuerda de un tendal. Cuanto más pesada sea la correa, más fuerte será la asociación que establezca el perro entre la llamada y la correa. En otras palabras, el perro vendrá cuando note la correa, pero habrá aprendido (y basta con una única experiencia para ello) que cuando no la llevan puesta te quedas "vendido".

Otro aspecto a considerar es que las correas se pueden enredar en los arbustos y entre las patas del perro. Para minimizar este problema, deja que el perro la arrastre por el suelo en lugar de sujetarla. Sólo debes cogerla cuando no responda a la llamada.

Para hacer más realista el entrenamiento, poco a poco aumenta el valor de los "escaparates". Por ejemplo, otro miembro de la familia está jugando con el perro en otra habitación. Cuando tú llamas al perro desde la cocina, el ayudante interrumpe el juego con el perro. El perro viene hacia a ti en busca de su premio y como reforzador extra puedes mandarle a jugar otra vez. Antes de dejarle correr libremente, suéltalo con correa. Llámale y, cuando venga, prémiale con un gran reforzador; comida o atención concentrada. Déjale volver a jugar como un "bonus".

Puede que te hayas enfrentado a situaciones en las que el perro no respondía de ninguna forma. Mi consejo es que cuando esto ocurra, NUNCA informes a tu perro de tu impotencia. No repitas la llamada. Una posible estrategia es "ir a cazar": busca una ardilla a la que perseguir o una madriguera de conejo a la que asomarte, o pájaros a los que asustar. El perro volverá a ti porque es su comportamiento instintivo: la caza cooperativa hace mucho más probable que abandone la conducta de ir a ver escaparates por su cuenta.

En lugar de dar la conducta de acudir a la llamada por supuesta, trabaja para que tu perro la aprenda. Es fácil de hacerlo con cachorros porque suelen tener hambre y nos ven como una fuente de reforzadores. Sus prioridades cambiarán a medida que crecen, producto de la experiencia y los cambios hormonales, de modo que también querrán irse a ver escaparates.

Recuerda también que la conducta de la llamada se define como "tocar la mano", no meramente pasar por delante cuando cambias de dirección. Yo uso "por aquí" como señal para indicar al perro que cambiamos la dirección en la que batimos terreno en pos de nuestras presas.

MODIFICACIÓN DE CONDUCTAS INSTINTIVAS

Casi todos los comportamientos que necesitamos modificar implican el conflicto entre una conducta instintiva que es autorreforzante y los intentos por prevenirla en aras de la paz social. Que el perro ladre al fondo del jardín no sería un problema si no tuviéramos vecinos. Si no hubiera tráfico, no haría falta llamar al perro de camino al parque. Y tampoco necesitaríamos entrenar una llamada para interrumpir un juego que se va de las manos o un ritual de saludo si nunca coincidiéramos con otras personas o perros. En otras palabras, la modificación de conducta implica por lo general una tensión entre el comportamiento instintivo del perro y los requerimientos y expectativas de nuestras sociedades modernas.

Recuerda REFORZAR SIEMPRE todos aquellos comportamientos que van en contra de las conductas instintivas. Si dejas de hacerlo, las segundas emergerán cobrando más y más fuerza con cada nueva repetición.

Enseña los comportamientos deseados cuando el perro sea aún joven, crea un fuerte y largo historial de refuerzo, y asegúrate de que los comportamientos no deseados nunca encuentren sustento.

Apéndice: Quién es quién

A lo largo del libro he mencionado a algunos de mis perros, de modo que para que podáis conocerlos he incluido una corta reseña sobre cada uno de ellos.

MABEL

El mundo hizo click contigo, Mabel. Fuiste la reina indiscutible hasta que me dejaste a los doce años de edad. Una hija del clícker gracias a la cual probamos la polivalencia de esta herramienta para el entrenamiento animal. Entre otras muchas cosas, me enseñaste que el aprendizaje es un camino de reciprocidad: tus expresiones, frustración y divertidos hábitos influyeron sobre mi propia forma de entrenar.

KENT

Hijo de Mabel de 8 años de edad, aunque ella a veces parecía olvidar que se trataba de su hijo. Kent es lo que cabe esperar del típico macho grande de Gordon: trata de aprender muchas cosas, pero en el fondo sólo le divierte correr, buscar pájaros, dormir y el sexo.

TESSIE

Hija de Kent de 6 años de edad. Vino a vivir conmigo cuando tenía 4 años. Hasta entonces vivió en una casa con una familia que no tenía otros perros y estaba bastante estresada por lo que tenía conductas obsesivas. Es una perra muy divertida que siempre logra hacerme reír. Piensa que los Collies son estupendos juguetes.

QUIZ

Una perrita Collie de 10 años que ha sido no sólo madre, sino también abuela. Creció con el clícker y, gracias a ella, aprendí a ser diligente y exacta. Me enseñó que lo que clickas es exactamente lo que obtienes. Por su carácter equilibrado y su tolerancia es la roca en torno a la cual giran los demás perros. Su nieto Time es la novena generación de Collies con la que comparto mi vida.

SPECK

Collie de cuatro años de edad adicto a la acción. Le encanta quitarse la chaqueta para trabajar, ya sea pastoreando ovejas o, en su defecto, pájaros, murciélagos o a su hermana.
(En el centro de la foto)

FLINK

La hija de Speck y Quiz de dos años de edad. Es, a su vez, otra gran madre, aunque a veces preferiría remangarse para trabajar fuera de casa. (A la derecha de la foto)

QUICK

El hijo de Speck y Quiz de un año de edad. Se parece mucho a su padre y es el mejor amigo de Kent. No sabría decir por qué, pero siempre que se reencuentran demuestran un gran entusiamo.

DOT

Hermano de Speck. Le encanta correr describiendo una circunferencia para irritar a Speck. Siempre ha de tener algo entre los dientes, ya sea hierba, hojas, pinzas de colgar la ropa o los cordones de mis zapatos.

Otros títulos de esta editorial